一定要懂的行為經濟學

洞悉衝動購物、跟風投資、網路沉迷的心理，
掌握深層消費關鍵

U0076523

橋本之克・著
鍾嘉惠・譯

前言

我想應該有許多人只要聽到「經濟學」就會緊張起來。

有些人可能甚至不明白在新聞中看到、聽到的名詞含義，例如：「微觀和宏觀的尺度為何？」、「通貨膨脹和通貨緊縮哪一個好？」、「匯率變動是怎麼回事？」因此多數人都認為「經濟學」是一門與自己關係不大的學問。

然而，所謂的經濟，是一套「為了讓人們過上富裕生活，生產人們所消費的物品和服務，並確實送達需要之處的系統」。理所當然，身為消費者的我們每一個人都是經濟的主角。所有人每天都會進行的購物是了不起的經濟活動。

假使有一門學問可以改善這類個人的經濟活動，你不會想認識它嗎？「行為經濟學」正是這樣的學問。簡單來說，它是一門新學問，結合了研究人類心理的「心理學」，以及研究金錢和損益的「經濟學」。傳統的經濟學為了處理國家經濟等大趨勢，使得個體部分被簡化處理。個體被認為像機器一樣，會最大限度地追求自己的利益，並經常做出理性的判斷。然而真實的人類是有感情的，既可能做出不理性的決定，也可能為了他人而行動。像這樣結合心理學的知識來闡明真實人類的心理和行為的學問，就是行為經濟學。

舉例來說，你是否有以下的經驗？

- 購買放在收銀機前的小零食
- 空腹時去食品賣場就會買過量
- 只要降價就買，而不考慮自己是否想要

這些全被視為非理性的行為。各種「心理偏誤」誘導人的判斷和行為走向非理性。而「行為經濟學」已揭開各種偏誤和不理性的模式。

也許有些人認為，這樣的錯誤只要小心一點就沒問題。但這是不對的。為什麼呢？因為非理性的行為會烙印在人的腦中。

舉例來說，明明正在減肥卻吃了面前的蛋糕就是不理性的行為。這時候，內在有種優先考慮眼前而非未來利益的「現在偏誤」在影響著我們。人類的祖先沒有充足的食物，並且時時暴露在被野獸攻擊的危險中，眼前若有食物就得馬上吃掉才能生存下去。因此，遵循「現在偏誤」乃是合理的判斷。即使到了今天，這類本能性判斷的傾向仍然留存在人類的大腦中，導致了非理性的行為。人是在下意識中做出像這樣的判斷，因此光靠理性並不能導正它。了解自己做出非理性判斷的模式才能夠避免它。「行為經濟學」即在闡明這樣的模式。

本書的主題是「認識行為經濟學，做個聰明的消費者」。書中避開了艱澀難懂的用詞用語，以淺顯易懂的方式進行解說。請務必藉由閱讀本書，踏出成為聰明消費者的第一步。

橋本之克

Index

Chapter 2
讓你當個聰明消費者的行為經濟學

Chapter

3 生活中的行為經濟學

Chapter

4 這種地方也有行為經濟學

Chapter 5
「Nudge」被用在這種地方

行為經濟學與今後

序章

上街去看看行為經濟學

街頭充斥著可以用行為經濟學加以解釋的實例。讓我們一起去看看吧！

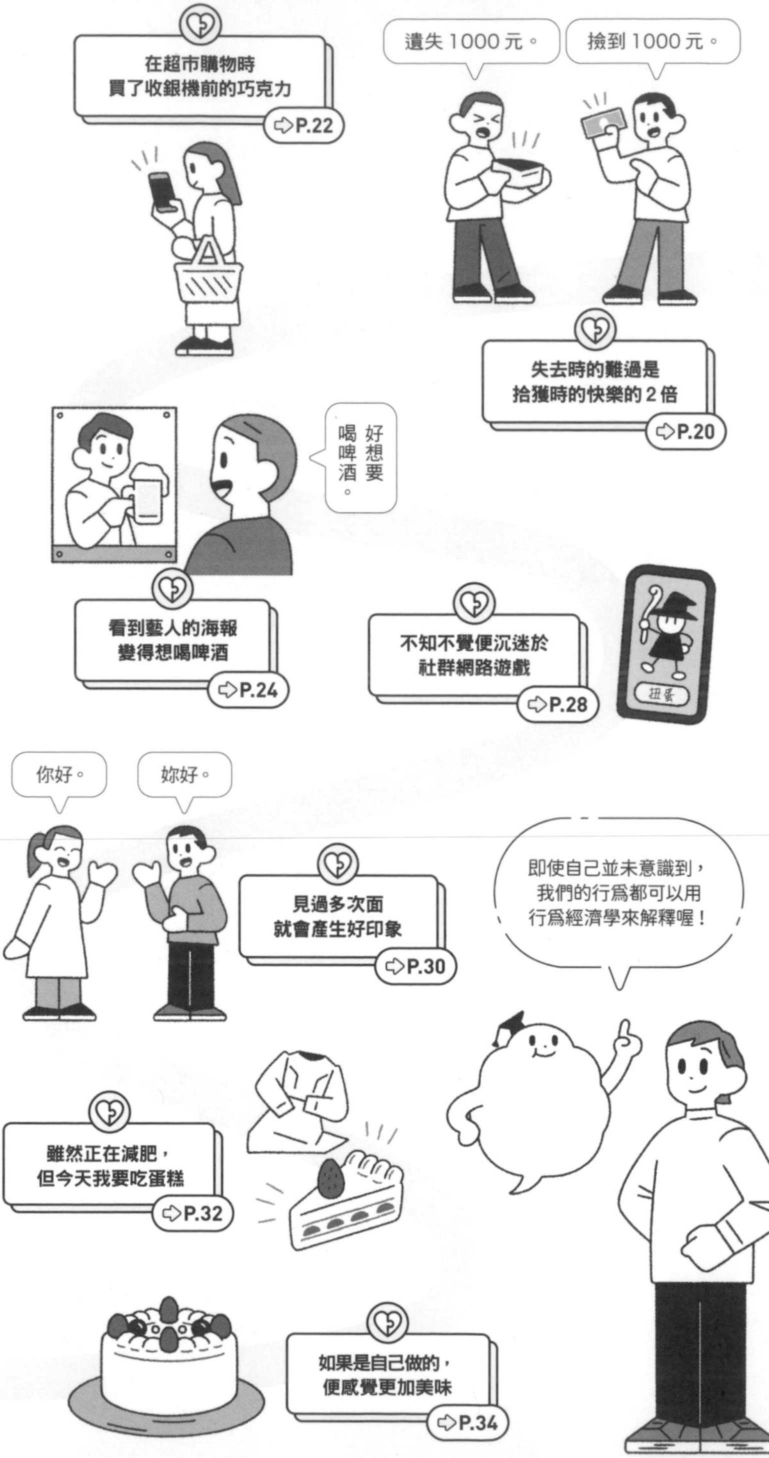

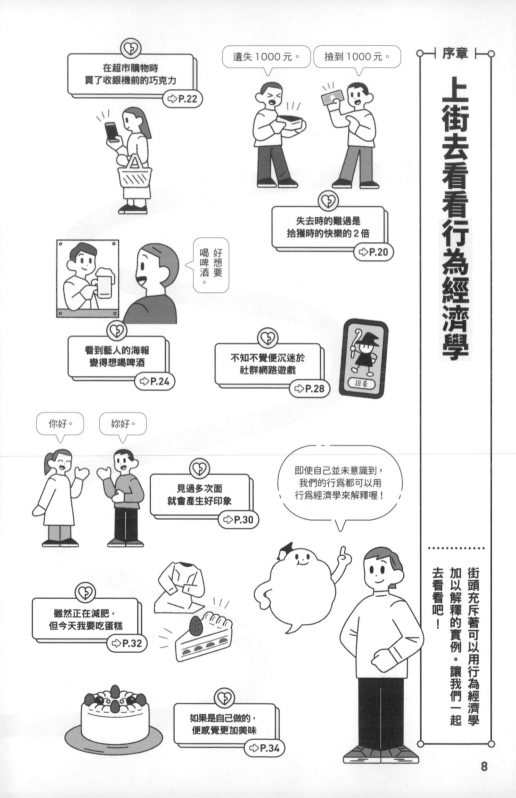

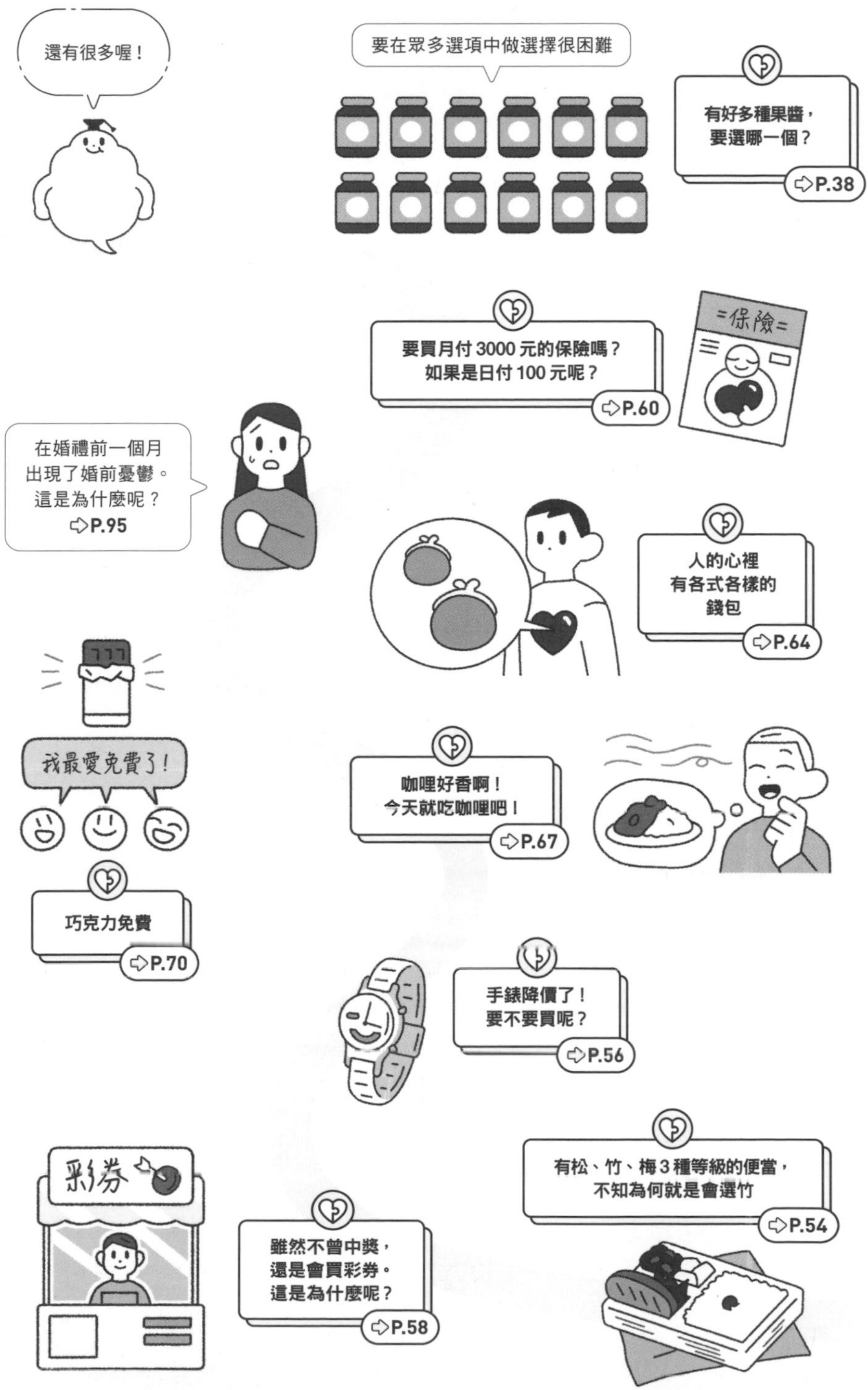

還有很多喔！
要在眾多選項中做選擇很困難
有好多種果醬，
要選哪一個？
P.38
要買月付 3000 元的保險嗎？
如果是日付 100 元呢？
P.60
=保險=
在婚禮前一個月
出現了婚前憂鬱。
這是為什麼呢？
P.95
人的心裡
有各式各樣的
錢包
P.64
我最愛免費了！
咖哩好香啊！
今天就吃咖哩吧！
P.67
巧克力免費
P.70
手錶降價了！
要不要買呢？
P.56
有松、竹、梅 3 種等級的便當，
不知為何就是會選竹
P.54
彩券
雖然不曾中獎，
還是會買彩券。
這是為什麼呢？
P.58

人會往
人多的地方聚集

P.124

稍微有點進展
便會覺得有動力

P.74

STAMP CARD
1 2 3 4
5 6 7 8
CAFE

集點卡

連中 2 次！

P.100

再來一支
這個冰棒
很容易中獎！

明明免費，
為什麼
能賺錢？

P.70

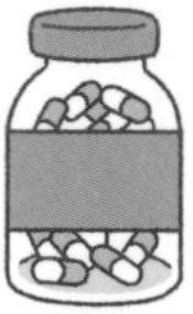

免費試用

便利超商、美髮院和牙醫診所，
數量最多的是？

P.106

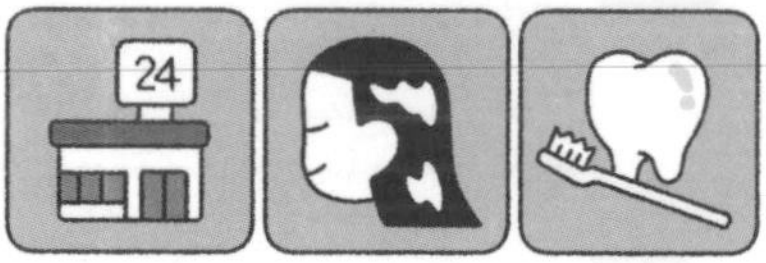
24

如果對晚來幼兒園
接小孩的家長實施罰款，
晚來的家長會更多

P.104

只要付錢就可以了，
對吧？

表達方式會改變人的印象

P.61

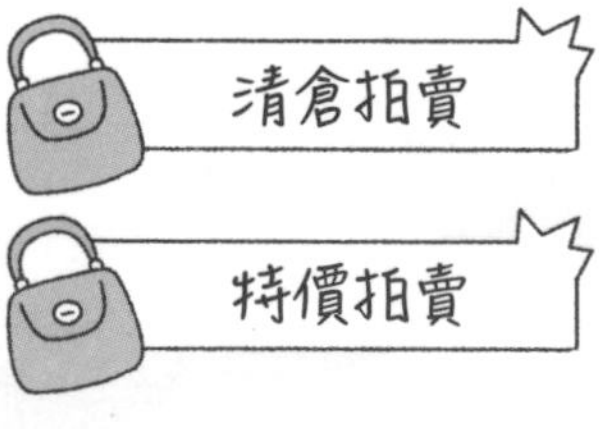
清倉拍賣
特價拍賣

給居住在
○○市的
所有居民

只要讓人覺得
「跟我有關」，
一般人就會動起來

P.108

把蔬菜放在方便取用的地方，
吃的人便會增加

⇨P.145

會想確實將垃圾
分類丟棄

⇨P.147

當別人善待自己，
人就會想回報對方

⇨P.128

點數回饋讓人感覺
物超所值

⇨P.88

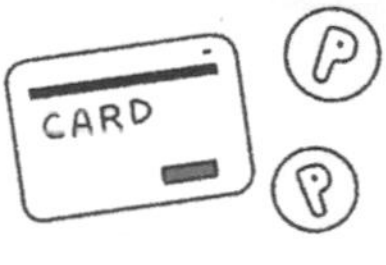

各式各樣
吸引觀眾的效果

⇨P.90

電視購物頻道

排一個小時才吃到的
美味拉麵

⇨P.127

序章

行為經濟學是什麼？

這是一門融合了「經濟學」與「心理學」來研究金錢和經濟活動運作機制的學問。

「行為經濟學」就是這樣誕生的

在以往的「經濟學」中，人類的形象就是做出理性決策以實現自身經濟上最大利益的「經濟人」。然而，這與人類實際的行為不同。

「行為經濟學」是以普通人為對象

適度的理性

兩個都可以。
2000元
3000元

有時會去調查，有時會憑直覺

適度的自制

今天我要把它吃掉。

偶爾不忍耐

適度的利他

大致一樣

這是以人性爲前提的經濟學。

以前的「經濟學」是以完美的人為對象

超理性

會事先計算，
決不容許出現虧損

超自制

不會被眼前的事物吸引，
或是衝動購買

超利己

不在乎公不公平

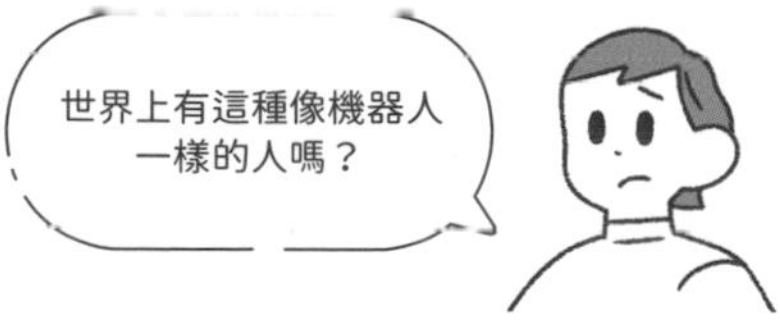
世界上有這種像機器人一樣的人嗎？

為什麼我們現在需要「行為經濟學」？

使經濟運轉的活生生的人有時會犯錯，有時也會為了他人而犧牲自己。一旦以「經濟人」為基礎，便會產生傳統經濟學無法解答的矛盾和謎團。

序章

推動經濟運轉的是「人的情感」

具有情感的人類會做出不理性的選擇和行為，甚而影響到整體經濟。

看待人類行為的方式

依照感覺行事的普通人

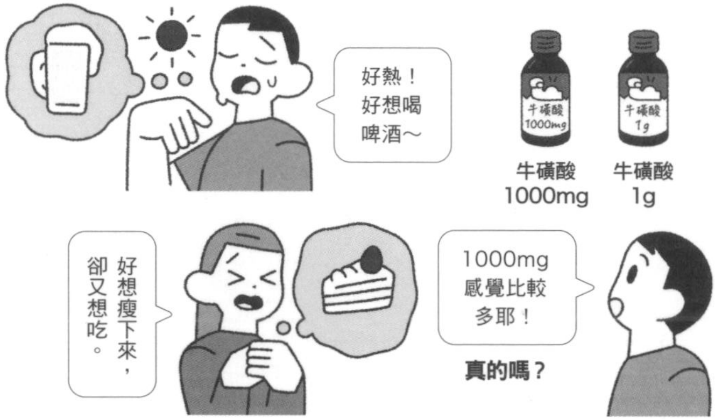
好熱！好想喝啤酒～
牛磺酸 1000mg
牛磺酸 1g
牛磺酸 1000mg
牛磺酸 1g
好想瘦下來，卻又想吃。
1000mg感覺比較多耶！
真的嗎？

＝ **行為經濟學**

完全沉迷於社群網路遊戲
為什麼會這樣呢？

RESTAURANT
門口外面大排長龍的餐廳鐵定好吃！
真的嗎？

看待人類行為的方式

超理性的經濟人

因此，根據數據來看……

人的行為背後存在各種心理活動

經濟學 ＋ 心理學

研究經濟機制和經濟活動運行規則的學問

政府的經濟政策、企業的追求利潤，以至於個人消費

以科學方式闡明人類的心理活動和行為

人的心理
決定了他的
行爲。

何謂行為經濟學？

在以往的經濟學中，「人類不理性的行為和判斷」都只是例外。然而，從行為經濟學對人類心理和行為的驗證中已經得知，這些行為都是遵循既定的法則發生的。

序章

行為經濟學會在什麼地方派上用場？

了解行為經濟學就會知道，我們的判斷會受到潛意識的心理偏誤所左右。

行爲經濟學
現在備受矚目喔！

個人

學會自我控制

動力提升

善用金錢

使用小盤子
以防飲食過量

了解自己容易
犯的錯誤和失誤

了解自己的習慣
- 執著於現狀
- 無法做決定

你將能夠理解
被情緒帶著走的
不理性行爲背後的
原因和機制。

人際關係

人際關係變順暢

**對人際關係的
理解加深**

**每個人都覺得自己很重要，
每個人都會犯錯**

公正

**每個人心中都有
公正行事的意志**

**認為自己的看法最好、
最正確的情況減少**

社會

對社會、政治和企業的改善有幫助

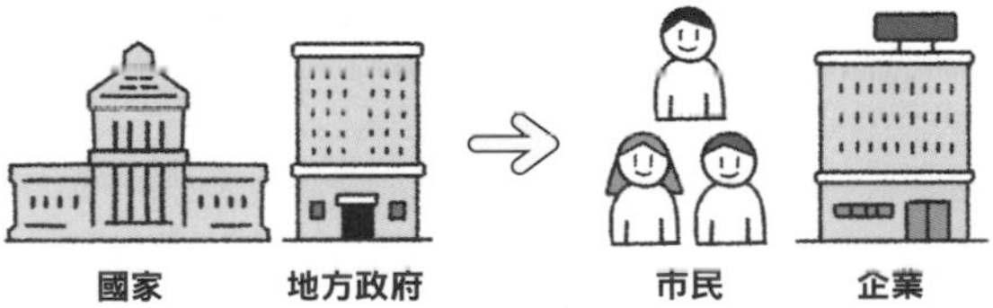
國家
地方政府
市民
企業

**促使它們往更好的
方向發展**

A公司
B公司

**能夠為他人的利益
採取行動**

**企業能夠與社會
建立和諧的關係**

橋本老師來解答

行為經濟學的

購物諮商室

Q 在電視購物頻道上買了一台攪拌機，可是送到時已經失去興致。

我之前沉迷於做料理時，看到電視購物頻道上介紹一台具有各種功能的攪拌機，立刻就買了。可是等它送到時，我已經不想使用了。但又覺得退貨很麻煩，所以現在還擺在家裡。我為什麼會這樣浪費錢呢？

（35歲，女性，上班族）

A 這種情形可以用「解釋級別理論」來說明。「解釋級別理論」是一種心理偏誤，即對於距離遠的事物，關注它抽象、本質的部分，對於距離近的事物，則關注它具體、表面的部分。因此人對於未來的事情，往往會追求理想。妳一開始看到這台多功能的攪拌機時，想必曾在心裡描繪用它來製作各種料理的理想景象。然而，現實中的妳可能每天都忙於家務吧？攪拌機看起來不再吸引人，就是妳內心不再從容的警訊。在回想攪拌機魅力的同時，回想一下理想中的生活和理想中的自己也很重要。

⇨P.94

Q 因為免費而開始服用的營養補充品，繼續服用好嗎？

我在電視廣告上看到免費試用的營養補充品就訂購了。由於身體狀況良好，後來也繼續吃。雖然不確定是否全是因為營養補充品的關係，可能只是浪費錢，但又不敢不吃。

（59歲，男性，上班族）

A 關於這個問題可以用「維持現狀偏誤」來說明。「維持現狀偏誤」是一種不接受未知、不曾經歷過的事物，想保持現狀的心理偏誤。其根本的心理是想要避免改變所造成的損失。在這個案例中是擔心一旦停止服用營養補充品，身體狀況可能變差，才不敢不吃。今後可以透過停止服用或改用其他營養補充品的方式來確認實際的效果。不過最重要的是能否保持健康狀態，而非追求真相。如果金額是在可負擔的範圍內，我想繼續服用也無妨。

⇨P.44

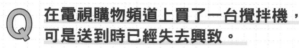

Chapter

1

人會有這樣不理性的行為

在與金錢有關的場面，
人感覺似乎能謹慎行事，
但有時也會情緒先行，
因而造成損失或失敗。
首先讓我們來檢視
人的不理性特質。

01

人是一種更在乎「損失」而非「得利」的動物

KEYWORD » 損失規避　價值函數

試圖規避損失，反而造成損失

損失1萬元的難過和得到1萬元的喜悅本該相同。然而研究結果卻發現，即使金額相同，**產生損失時難過的心情，比得到時的喜悅更為強烈**。因此，人會下意識地想要避免損失。這種心理稱為「損失規避」。不過人會不經仔細思索，依直覺判斷得失。結果就是，為了避免眼前的損失而採取不理性的行動，做出長期來看不划算的決定。被「現在購買打5折」這類宣傳吸引上鉤，也是受到「損失規避」的影響。認為「錯過可以用半價購買的機會」是一種「損失」，並未思考是否真的想要便購買。

對「損失」的不滿大過「得到」帶來的滿足

在金額相同的情況下，損失造成的難過，一般認為是得到帶來的喜悅的2倍以上。人會不自覺地強烈感受到損失，因而過度專注於避免它的發生。

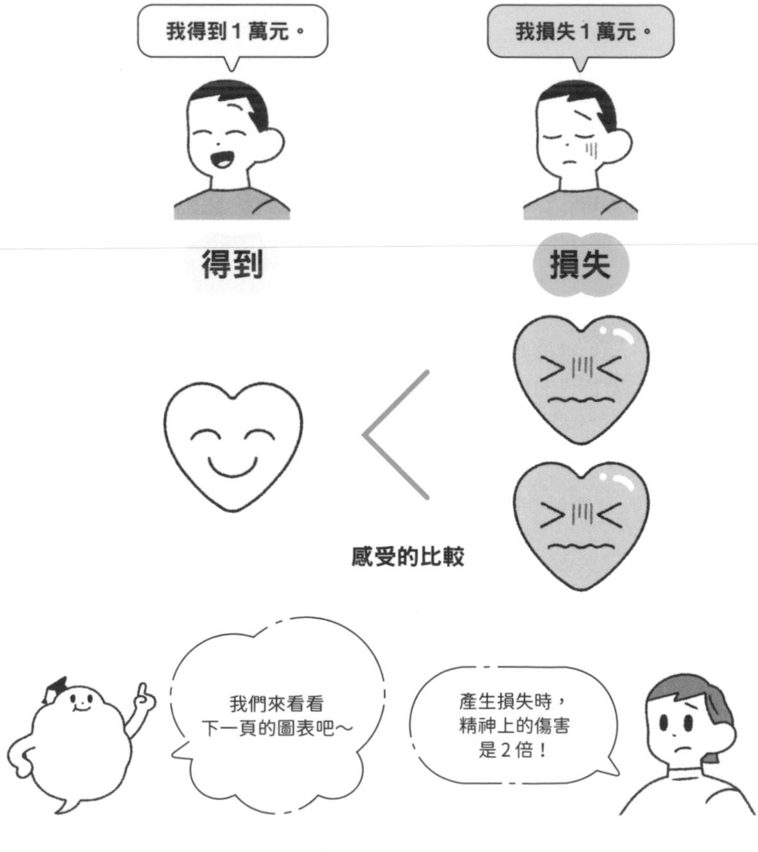
我得到1萬元。
我損失1萬元。
得到
損失
感受的比較
我們來看看
下一頁的圖表吧～
產生損失時，
精神上的傷害
是2倍！

「失與得」的「難過和喜悅」程度

當我們用橫軸代表「損失和得到」、縱軸代表「人感受到的難過和喜悅」時，兩者的關係稱為「價值函數」，可表示如下圖。

價值函數

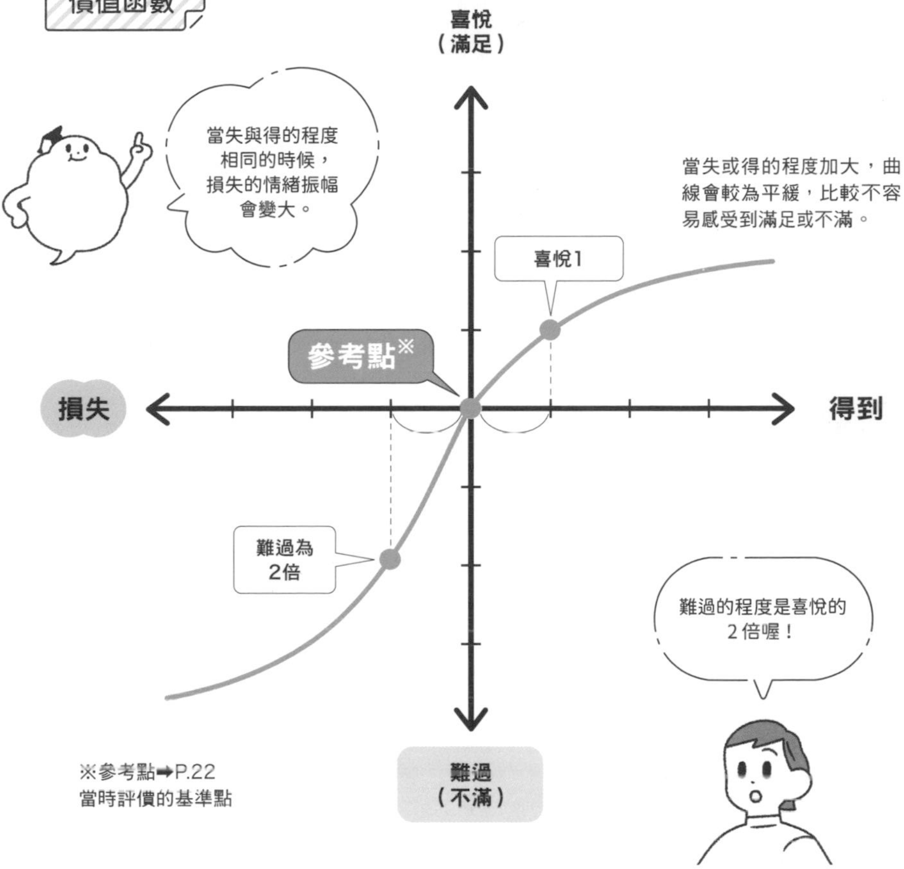
喜悅
（滿足）
當失與得的程度相同的時候，損失的情緒振幅會變大。
當失或得的程度加大，曲線會較為平緩，比較不容易感受到滿足或不滿。
喜悅1
參考點※
損失
得到
難過為2倍
難過的程度是喜悅的2倍喔！
難過
（不滿）

※參考點➡P.22
當時評價的基準點

損失規避

期間限定商品、區域限定販售、點數5倍送只有現在、抽出10位購買者贈送禮物等，當有這類標示時，有時候我們會認為「錯失這個機會是一種損失」，於是便掏錢購買。這些就是受到「損失規避」影響的不理性行為。➡P.28、P.48

02 為什麼會買放在收銀機前的巧克力？

KEYWORD ≫ 參考點

金錢的價值不僅在於金額的大小

有關於金錢方面的情緒，不必然取決於金額的大小。舉例來說，確定明年年收入時的感受，主要取決於和今年年收入比較的結果。假設明年年收入為200萬，如果今年是100萬就會對此感到「喜悅」，然而如果今年是300萬，應該會對此感到很「難過」吧。像這裡的判斷基準「今年年收入」就稱為「參考點」。與其有關的心理，**具有得失距離參考點愈遠，情緒變化愈小的傾向**。一度購買之後要再追加購買時，由於受到這種心理的影響，付錢比較不覺得痛，很可能會導致無謂的花費。

潛藏在收銀機前的10元陷阱

在商店等待結帳的過程中，我們有時會購買放在收銀機前的小零食。這筆花費是外加在已選購好的物品之上，所以付錢時的心理負擔較小。

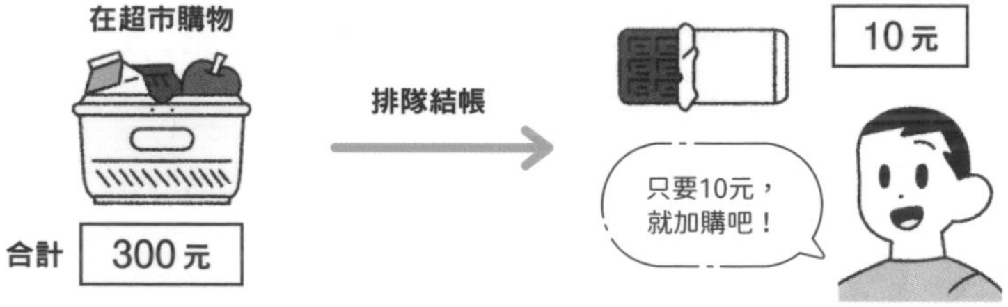

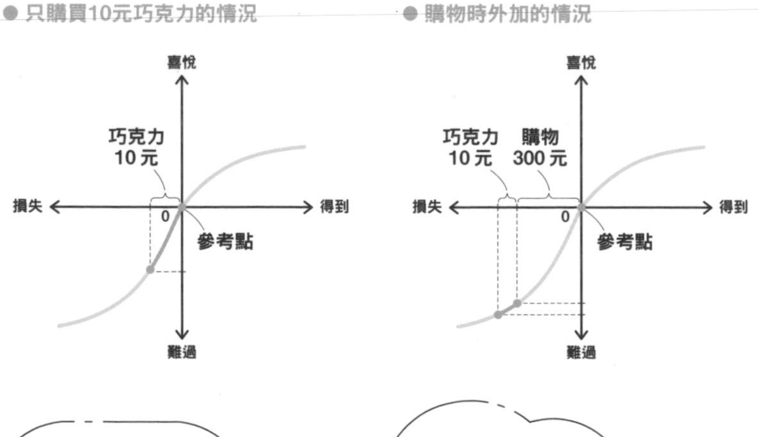

追加購物時容易錯買

以下案例的參考點為0元。一度購買之後要再追加購買時，由於損失遠離參考點的0元，因此心裡不容易感到痛，很可能做出錯誤的購買決策。

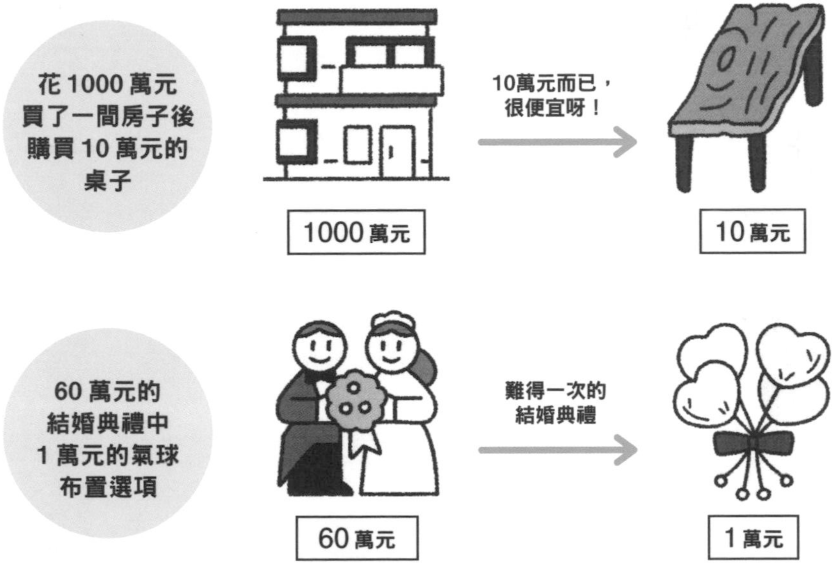
花1000萬元
買了一間房子後
購買10萬元的
桌子
10萬元而已，
很便宜呀！
1000萬元
10萬元
60萬元的
結婚典禮中
1萬元的氣球
布置選項
難得一次的
結婚典禮
60萬元
1萬元

對策

進行大筆購物之後再追加購買時，要先把之前的購物金額完全歸零才能冷靜地購物。

咦？
氣球要花
1萬元？

不當冤大頭

應該如何避免「衝動購買」？

購物時要做出正確而堅定的判斷很困難，因為我們會不自覺地受到自己設定的「參考點」影響。為了避免多花冤枉錢，買了不該買的東西，自問「是否根據參考點做判斷」很重要。假使覺察到自己內心有個參考點，就必須有意識地進行重設。舉例來說，當你花了300元購物後看到10元的巧克力時，要想像「要是我沒有先買了300元的東西，是否還會買這個巧克力」。透過這樣有意識的試驗，可以讓我們做出更好的購物決定。

03

KEYWORD » 光環效應

喜歡的藝人代言的商品引人垂涎！

形象佳的藝人，其代言商品的形象也會提升

人或是事物的其中一個鮮明印象，有時會影響我們對其整體的印象，這稱為「光環效應」。我們之所以覺得自信滿滿、長相好看的政治人物有能力，或是戴眼鏡的學生不擅長運動，就是受到「光環效應」的影響。「光環」指的是在神靈頭上畫的那圈表示值得尊敬的光暈。**鮮明的印象會產生有如背光照射時的狀態，使我們無法正確地判斷其照射對象的整體**。企業之所以起用明星為產品代言，也是為了利用明星的「光環效應」來宣傳產品。

藝人的形象＝產品的形象

利用電視廣告讓好感度高的藝人介紹產品、使用產品，目的是要利用藝人的形象來提升產品的好感度。

當藝人和產品一起出現在電視廣告中，就會被認為兩者十分相近。這時藝人的形象就成了「光環」，產品的形象也變得和藝人一樣好。

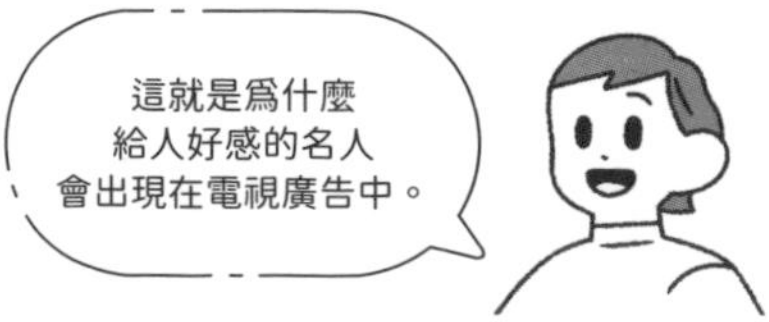

人是容易屈服於權威的動物

獲得權威性獎項等受到高度評價時，「光環效應」也會發揮作用。光是獲獎就會讓產品（包含品質在內）整體看起來很出色。

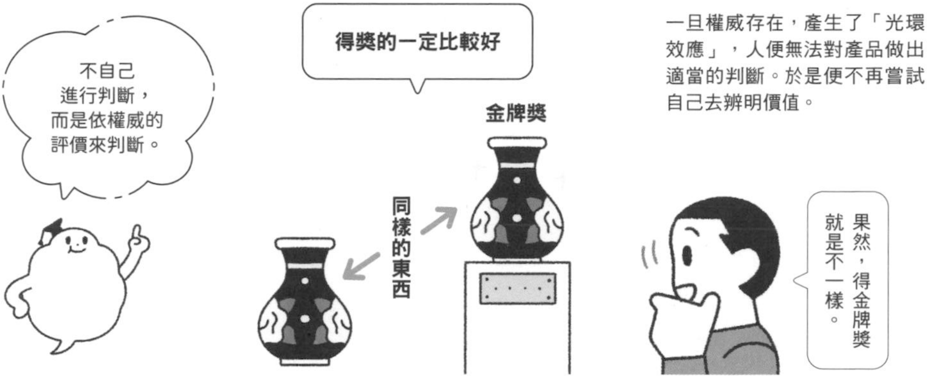

一旦權威存在，產生了「光環效應」，人便無法對產品做出適當的判斷。於是便不再嘗試自己去辨明價值。

光環效應對人也會起作用

「光環效應」會作用在各種事物上。只因某人的大學母校偏差值很高，便讓人認為他在所有方面都很優秀。即使是在評價一個人時，學歷、外表等引人注目的特徵也會扭曲我們的判斷。

想了解更多

發掘自己內在的光環

只要事先對「光環效應」有所認識，便能夠有意識地利用它。就是自己操控自己的光環。例如，在商務交涉或面試中，即使只有一個優點，總之就是去凸顯它，這樣就有可能提高你給人的整體印象。如果找不到優點，那就大聲、開朗地打個招呼吧。不過，給人的印象和原本的自己差太多是件危險的事。應該從自己實際擁有的特質中找出要加以凸顯的部分。如果只是掩飾表面，之後原形畢露，還是會讓人心生幻滅。

04

KEYWORD » 投射偏誤

肚子餓時去超市購物容易買太多

以為現在的狀態會一直持續下去

人在預測自己的未來時，總以為現狀會永遠持續下去。**過於高估現在的自己，認為現在的狀態、感受、喜好等，未來也不會改變。**可以說，就是將現在的自己直接「投射」到未來的狀態。這種非理性的心理被稱為「投射偏誤※」。如果不了解自己這樣的心理就會陷入自毀狀態，像是不知不覺購買太多不必要的物品，因此要小心。需要預測自己現在的狀態今後是否會持續，然後再判斷是否真的需要該項產品。

※偏誤（bias）：導致人的思考和判斷出現特定偏差的因素。

肚子餓時外出，結果買了太多食材

肚子餓時去超市，往往會購買太多食材。這種行為就是「投射偏誤」使人相信飢餓狀態未來也會持續下去所造成的結果。

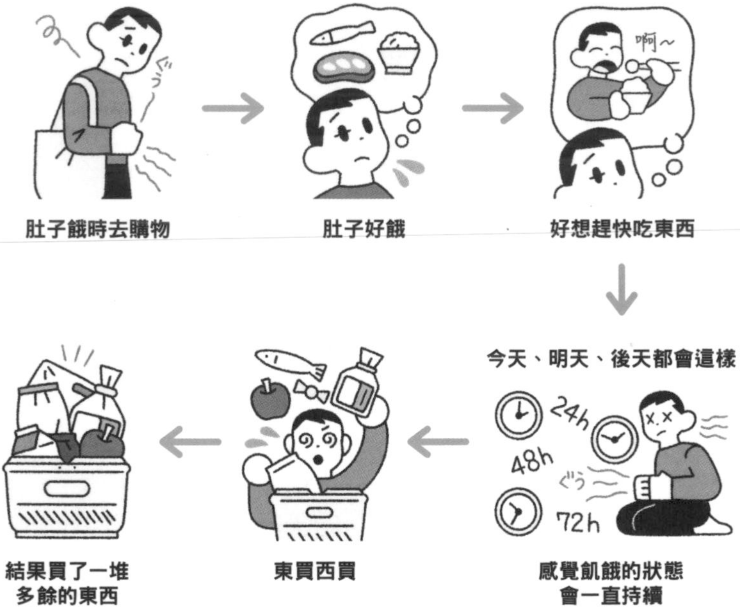

肚子餓時去購物
肚子好餓
啊~
好想趕快吃東西
今天、明天、後天都會這樣
24h
48h
72h
感覺飢餓的狀態會一直持續
東買西買
結果買了一堆多餘的東西

對策

如果具有「投射偏誤」的知識，就能將自己誘導到比較好的方向。比方說購買食品時，如果是處於吃飽的狀態，就能避免無謂的購物。

感覺現在實際的狀態會一直持續

在預測未來時，「投射偏誤」會讓我們感覺現在的狀態將持續下去。然而，現在的狀態不可能永久持續。了解這點之後再來購物，為將來做準備吧。

● 我們很容易認為現在的狀態不會改變

3月
好冷…

下雪了　→　買件毛衣吧　→　在拍賣會上買了毛衣

即使是早春時節，有時天氣一冷，我們還是會買毛衣。以為寒冷的天氣會一直持續，結果買了很快就不再需要的商品。

● 預測自己的未來很重要

投資
保險
醫藥費
生活費

認為可以一直健康地工作　→　沒有為將來做準備　→　晚年為生活費發愁

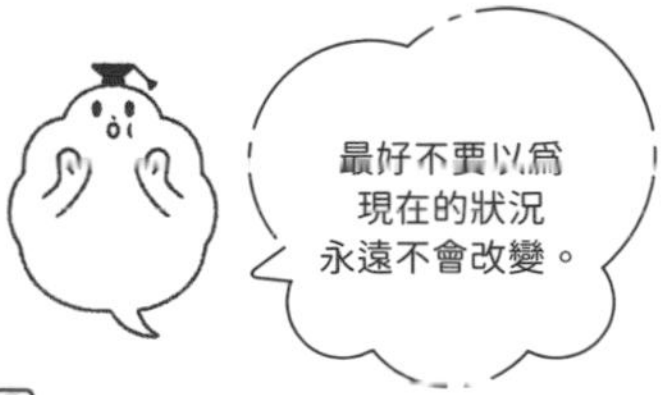
最好不要以為
現在的狀況
永遠不會改變。

小心，不要下意識地認定現狀會持續下去。要正確地預測未來，不過度樂觀或是過度悲觀很重要。

投射偏誤

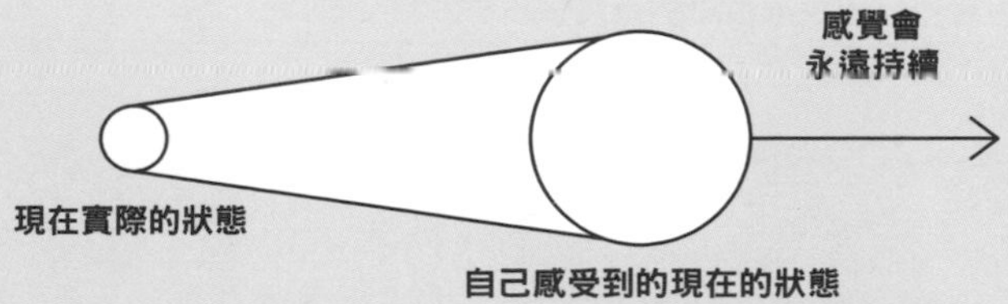
感覺會
永遠持續
現在實際的狀態
自己感受到的現在的狀態

人無法預測未來的感受，因此會放大現在的狀況，並認為它將長久持續下去。

05

人為什麼會沉迷於社群網路遊戲？

KEYWORD ≫ 稟賦效應

無法戒除社群網路遊戲的原因

人對於自己一度擁有的東西會**高估它的價值，因而不想要放手**。這稱之為「稟賦效應」。在試圖避免放棄擁有物而造成損失這一點上，這種心理近似於「損失規避」。除了擁有該物的當事者之外，沒有人知道原因。而且這是下意識的心理，所以**本人也沒有意識到自己的過度依戀**。例如：無法斷捨離也是這個原因。「稟賦效應」也會作用於有形以外的事物。以社群網路遊戲舉例來說，「稟賦效應」甚至會在自己得到的道具、技術、遊戲裡的地位等產生作用。

⑤ 玩社群網路遊戲獲得很多東西

戒不掉社群網路遊戲不僅是因為遊戲本身很好玩。人會沉迷是因為不想白費了玩遊戲所獲得的東西。

玩社群網路遊戲獲得的東西

- 互相較量後獲得勝利（太棒了！）
- 意外的發現（發現道具）
- 變成另一個人的體驗
- 有別於日常的特殊體驗
- 角色的成長
- 獲勝的獎品
- 遊戲裡的關卡和地位
- 遊戲技巧

↓

每一樣都不想放棄

因為稟賦效應，使得人執著於在社群網路遊戲中獲得的東西

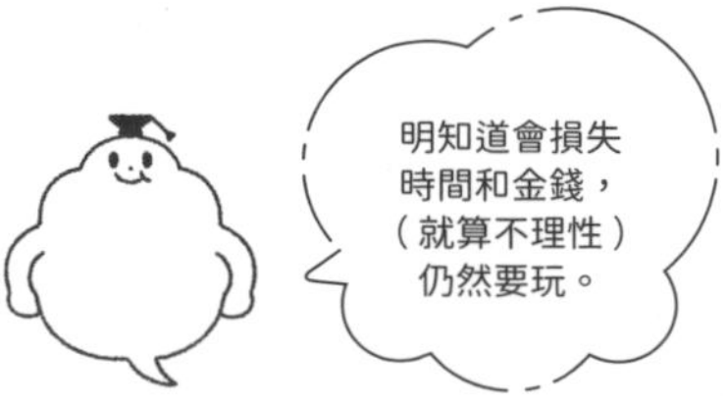
明知道會損失
時間和金錢，
（就算不理性）
仍然要玩。

顯示出人對「馬克杯」的執著的一項簡單實驗

美國行為經濟學家丹尼爾·康納曼（Daniel Kahneman）做過一項實驗，他用很普通的馬克杯證明了「稟賦效應」。光是這樣，自己手邊有馬克杯的人就會產生依戀，不想放棄它。

A組

① 

贈送馬克杯

↓

② 問A組：

「要多少錢才願意將馬克杯賣給B組？」

↓

③ A組的回答：

7.12 美元

B組

① 

沒有拿到馬克杯

↓

② 問B組：

「願意花多少錢購買A組的馬克杯？」

↓

③ B組的回答：

2.87 美元

2倍以上 ＞

損失規避

為避免失去馬克杯的難過，A組給馬克杯開了高價。

稟賦效應

一旦手邊有了馬克杯就會心生依戀，出現稟賦效應。

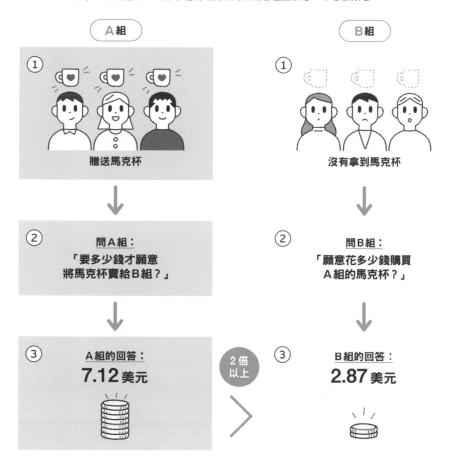

06

KEYWORD 》 單純曝光效應

多次見到同一個人或事物，好感度就會增加

反覆接觸，好感度就會上升

只要反覆、單純地接觸（看到、聽到）到某樣人事物，對其產生的印象和好感度就會提升，這種心理偏誤稱之為「單純曝光效應」。之後有許多學者分別**利用聲音、繪畫、照片、無意義的圖形、氣味、味覺等做過各種實驗，均充分驗證了「單純曝光效應」對人的影響**。我們會對經常見到的人、多次聽到的音樂抱持好感，也是這種效應所產生的影響。大量播放電視廣告以試圖增加觀看次數，同樣都是為了提高商品和企業的好感度。

用各種方法一再重複，讓人留下印象

在推廣商品或服務時，例如一再播放電視廣告、透過社群網站發布訊息、頻繁投放網路廣告等，都是試圖讓人重複觀看。

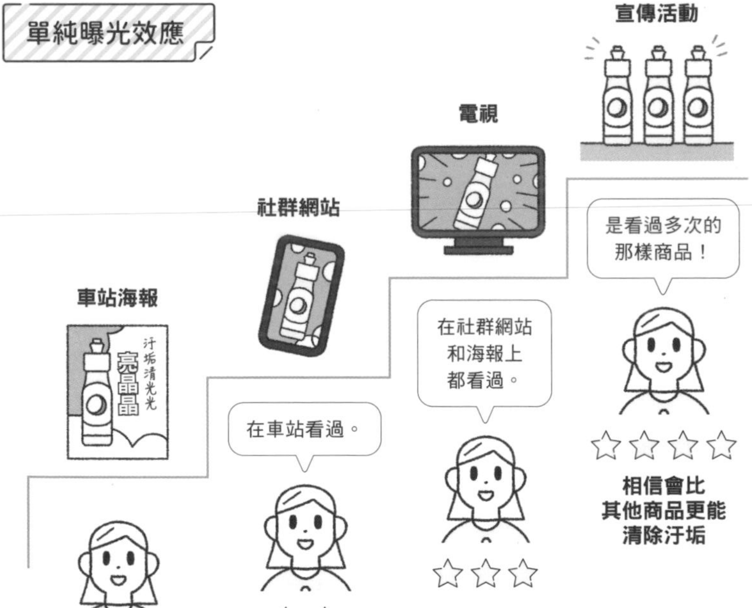

單純曝光效應
宣傳活動
電視
社群網站
車站海報
汙垢清光光
亮晶晶
是看過多次的那樣商品！
在社群網站和海報上都看過。
在車站看過。
相信會比其他商品更能清除汙垢

除了在大眾傳媒上打廣告之外，例如：連續劇主題曲、廣告片頭和片尾插入的聲音商標（Sound Logo）、店鋪裡一再播放的音樂，反覆聆聽也會讓人產生好感。

與生活關係密切的單純曝光效應

單純曝光效應是一種加深印象的效應。它被應用在生活中的各個角落。

● 網路上常見的再行銷廣告

COSME

再行銷廣告是針對曾經造訪過網站的使用者發布的廣告。過去在網站上查看過的商品廣告會自動地一再顯示。

● 人也是見過多次面就會留下好印象

第一次
是關鍵。
如果一開始別人對你有好印象，
之後只要多次見面
就會對工作有所幫助

如果是做業務的人，可以藉由多次拜訪讓人產生好印象。不過一旦好惡已定，效果便有限，所以要注意第一印象。

不當冤大頭

見過多次便會讓人覺得安心

單純曝光效應可以誘導被動的人。以再行銷廣告來說，廣告的受眾不僅可以在網站上看到商品的廣告，還會在發布影片的網站、App、社群網站等不同的地方看到同一商品的廣告。企業方可以鎖定可能性高的潛在顧客，以低成本的方式集中且反覆地打廣告。當然，單純曝光效應並非萬能。不是每接觸一次，好感度就會無限上升，而是有限度的。再者如果間隔過久，使得前一次的記憶變淡，就不算是重複。企業在打廣告時，也要將這些因素考量進去。

07

正在減肥卻吃了眼前的蛋糕

KEYWORD » 時間折扣　現在偏誤

現在的事比未來重要的事更重要

事物的價值並非一成不變，它會隨著時間推移而改變。**人看重的是現在能立即擁有之物的價值，而非遙遠的將來所能得到的事物。**覺得將來擁有似乎比現在擁有的價值要低（被打折扣），這種心理稱之為「時間折扣」。優先考慮現在來根香菸，而不是未來常保健康，戒不了菸的原因也是受到「時間折扣」的影響。折扣的程度稱為「時間折扣率」或「主觀折扣率」，但並非所有人的折扣率都一樣。既有急性子的人（時間折扣率高），也有人對許久以後的將來很有耐性（時間折扣率低）。

一旦把未來的價值換算成現在的價值？

與「時間折扣」有關的心理中，認為眼前事物的價值很高的傾向，稱為「現在偏誤」。「衝動購買」也是受到這種心理的影響。

● 以雙曲線表示的時間折扣

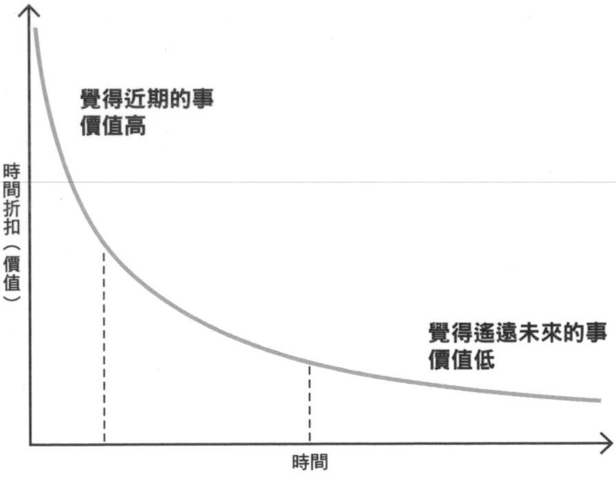
覺得近期的事
價值高
時間折扣（價值）
覺得遙遠未來的事
價值低
時間

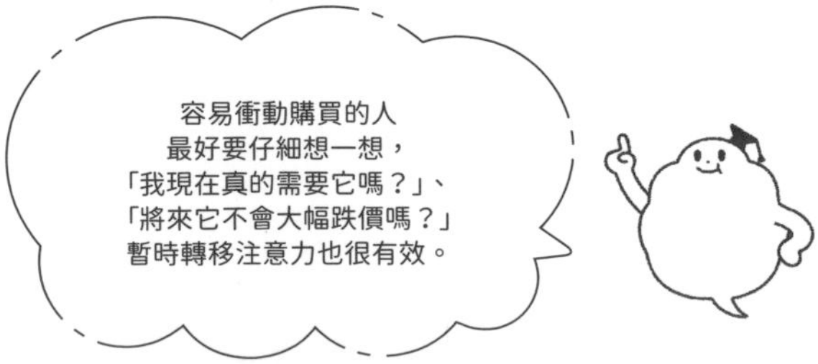
容易衝動購買的人
最好要仔細想一想，
「我現在真的需要它嗎？」、
「將來它不會大幅跌價嗎？」
暫時轉移注意力也很有效。

5 人是重視「此刻」的動物

我們有時會因為偶然的念頭或一時的欲望而忍不住衝動購物。這是受到「時間折扣」的影響，覺得現在就要擁有它很重要的關係。

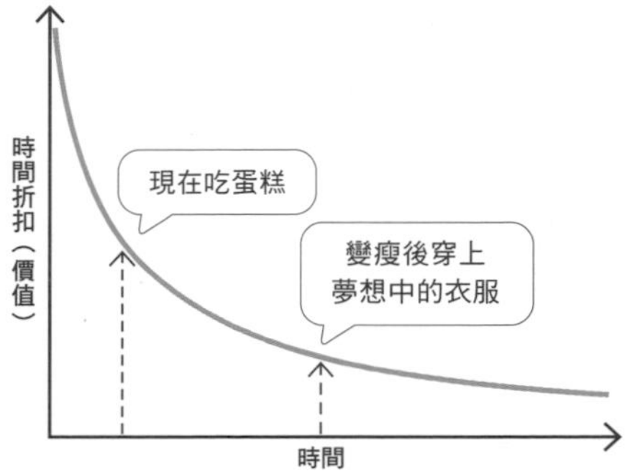

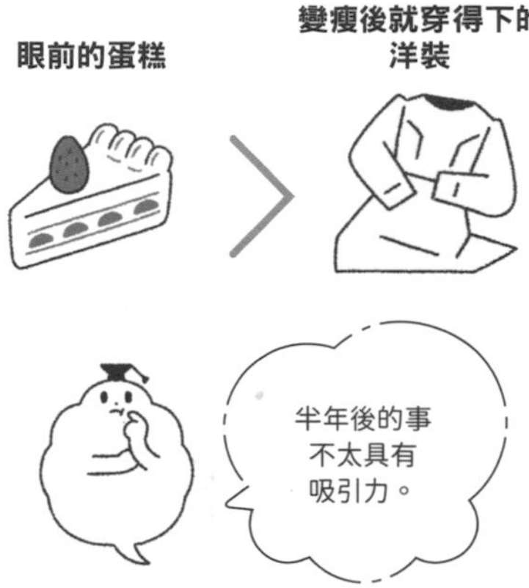

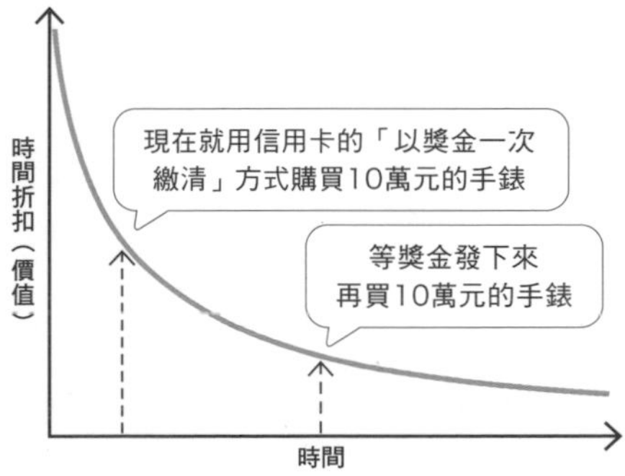

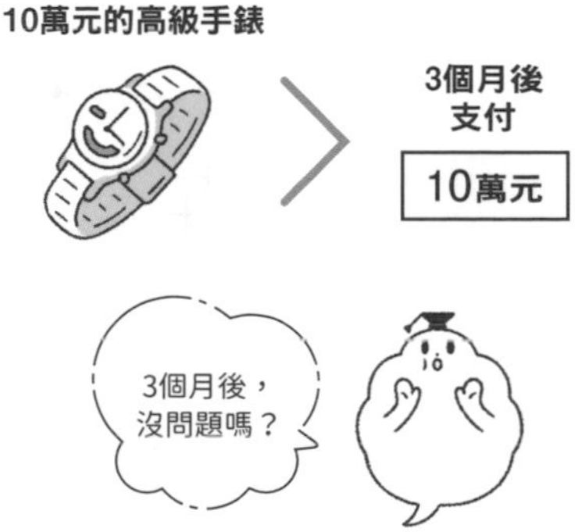

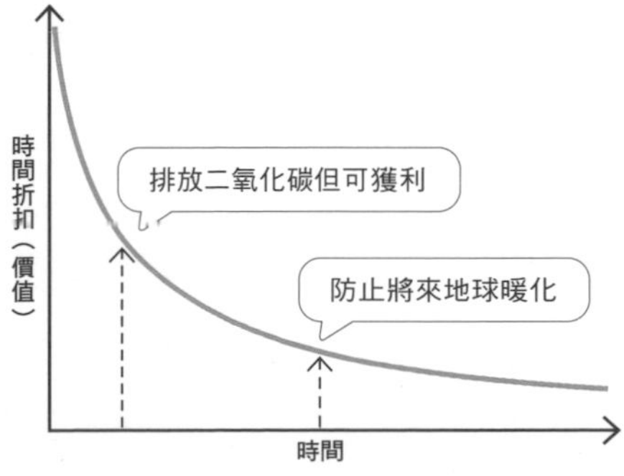

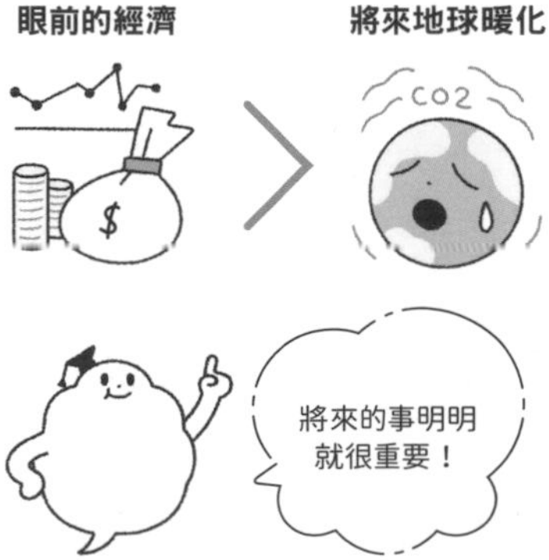

08

自己動手DIY，價值就會提高

KEYWORD » IKEA效應

當人投入時間和精力就會產生依戀

來自瑞典的ＩＫＥＡ是世界最大的家具量販店，其所販售的商品大多數是購買者要帶回去自行組裝的家具用品。由此店名衍生出的心理偏誤就是「ＩＫＥＡ效應」。這種心理是會**過度高估自己所做的東西，並認為對他人來說也有很高的價值**。透過讓人花費時間和精力去完成的過程，感受到比單純購買成品更大的滿足，因而產生依戀的情感。也可能因為那是自己付出努力、犧牲的結果，或是出於想給予已達成的目標一個高度評價的心理。

增加消費者的麻煩卻熱銷的鬆餅粉

1940年代的美國，廠商把原本只要加水混合後烤一烤的「鬆餅粉」，改成購買者要自己加入雞蛋和牛奶製作，沒想到銷量卻爆炸性成長。

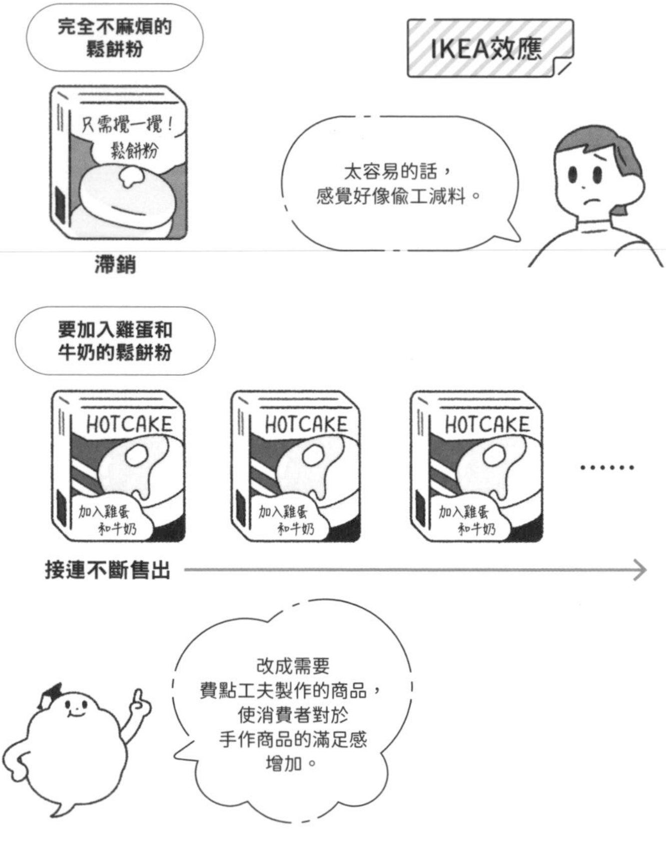

完全不麻煩的鬆餅粉
IKEA效應
只需攪一攪！
鬆餅粉
太容易的話，
感覺好像偷工減料。
滯銷
要加入雞蛋和牛奶的鬆餅粉
HOTCAKE
加入雞蛋和牛奶
HOTCAKE
加入雞蛋和牛奶
HOTCAKE
加入雞蛋和牛奶
……
接連不斷售出
改成需要
費點工夫製作的商品，
使消費者對於
手作商品的滿足感
增加。

當你自己動手組裝就會產生感情

提出IKEA效應的美國行為經濟學家丹·艾瑞利（Dan Ariely）做過一項實驗，將人分成「檢查組裝好的箱子」和「自己組裝箱子」2組，分別詢問他們願意付多少錢以擁有箱子。

● 為箱子定價的實驗

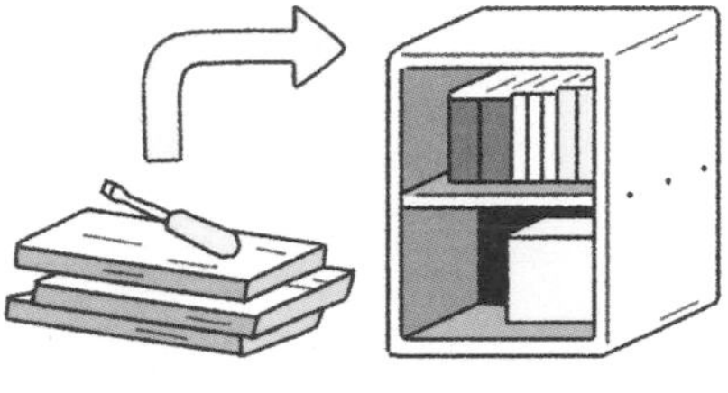

Q.你願意為這個箱子付多少錢？

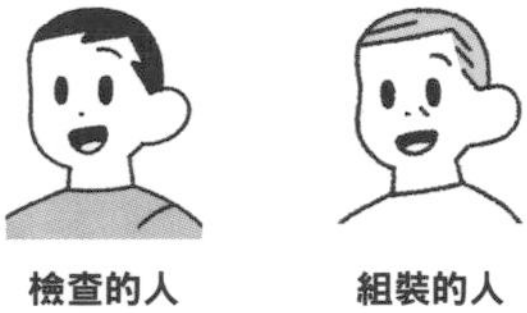

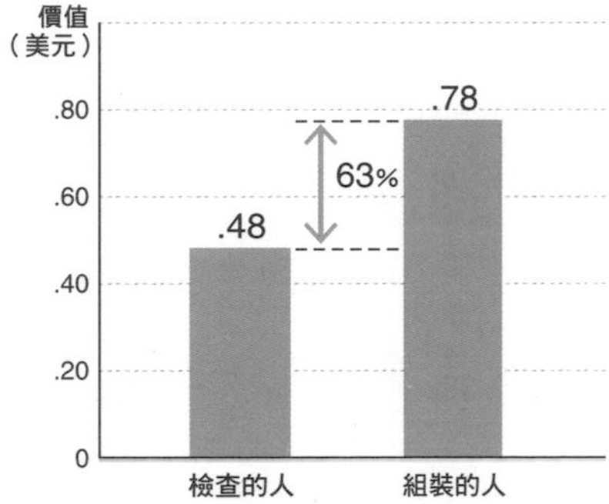

「自己組裝箱子的人」的回答平均為78美分，「檢查的人」的回答平均為48美分，前者的定價比後者高出63%。可以看出人對於自己經手的事物會感受到高度的價值。

IKEA效應也會體現在其他地方

「動手做」的當事人會感受到高度的價值。例如：自家菜園栽培的蔬菜、自己做的塑膠模型、玩社群網路遊戲獲得的道具與裝備等各種地方。

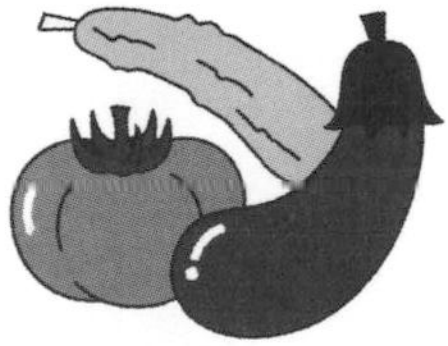

覺得自己種的菜比較好吃

對自己做的塑膠模型產生感情

覺得自己參與的企劃比別人做的企劃更優秀

感覺自己玩社群網路遊戲獲得的道具、裝備，比其他人得到的更有價值

09

為什麼相同的金額，感受卻不同？

KEYWORD » 敏感度遞減

同樣的錢 擁有的價值會改變？

人是會適應環境和刺激的。在金錢的得失方面也有相同的傾向。舉例來說，在身無分文的情況下獲得1萬元會非常高興。可是獲得10萬元後再收到1萬元，就不會那麼高興了。**人在獲得一定的數量之後，喜悅的感受會逐漸鈍化，因此對於少量的收穫並不會感動。**不僅得到時的喜悅是如此，產生損失時的難過也是如此。這樣的心理偏誤稱之為「敏感度遞減」。以購物為例，我們在買一輛100萬元的汽車時並不會介意花5萬元選擇加購汽車導航，但如果是單獨購買汽車導航就會猶豫不決。

即使是相同的折扣金額也可能有不同反應

假設折扣金額相同。既然可以拿回相同金額的錢，那麼感受到的吸引力和伴隨的行動應該總是一樣的。然而，人卻會根據情況做出不同反應。

A 手機套

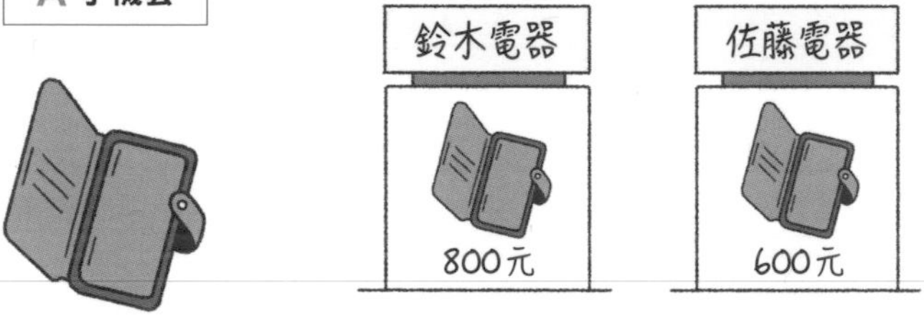

雖然很遠，還是去佐藤電器買

↓

賺到200元

B 電視機

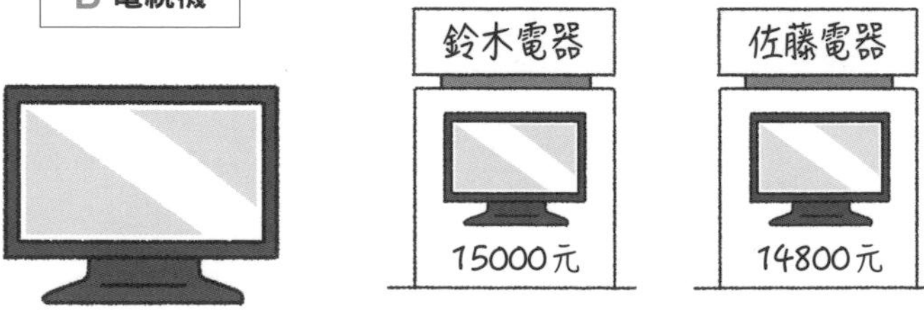

在附近的鈴木電器買

↓

明明便宜200元卻不去佐藤電器買

如果用價值函數來解釋敏感度遞減……

價值函數曲線也顯示出敏感度遞減。利益增加＝當曲線愈往右延伸時，起初大幅上升的滿足度會逐漸趨緩。遭受損失時也是同樣的情況。

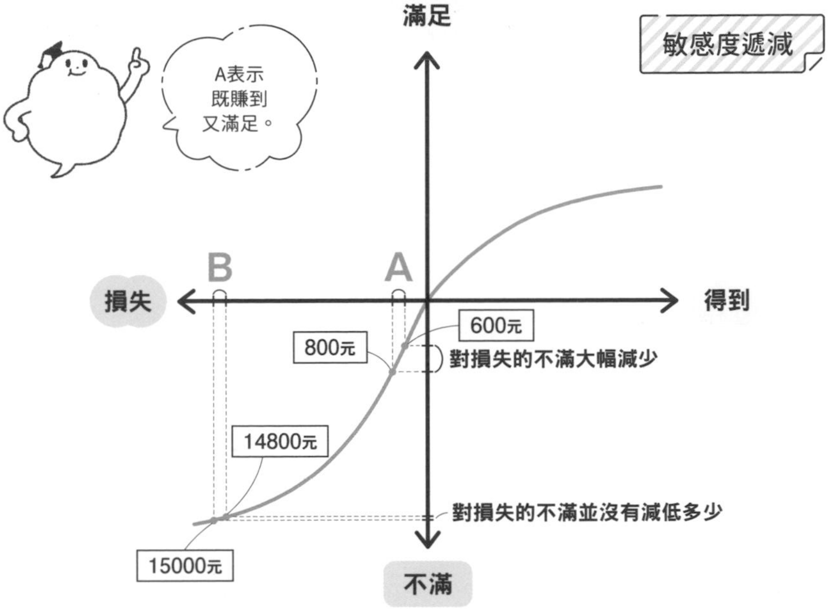

A 當損失從800元向右移動減少200元，曲線大幅爬升，對金錢損失的不滿降低不少。

B 即使損失從15000元向右移動減少200元，曲線上升的幅度卻很小，對金錢損失的不滿並沒有降低多少。

想了解更多

謹慎花錢

隨著得、失的金額增加，伴隨而來的情緒變化會愈來愈不明顯。這種「適應」不僅僅會發生在購物時。投資方面也一樣，剛入門時肯定會為價格的小幅漲跌在意擔心，但習慣後便漸漸不會在意。此外，信用卡貸款也是一樣，第一次借的時候會有罪惡感，但借款一多就會慢慢麻痺。相同金額的錢具有相同的價值，無法正確感受到它的價值是因為你的感覺錯亂。況且按照道理，動用的金額愈大愈需要審慎考慮，但相反的心理卻會起作用。

10

KEYWORD ≫ 選擇麻痺

種類多並不意味著容易選擇

選項太多會讓人難以抉擇

有一項研究結果顯示，人一天所要做的選擇和決定高達3萬5000次。像是早上起床要吃什麼、出門時要穿什麼、要隨身攜帶什麼等，人會在無意識中進行大量的判斷。儘管如此，有時我們會變得沒有能力進行有意識的判斷。**當眼前的選項太多時，我們可能會延後做選擇，或是甚至不做選擇。**這種傾向稱為「選擇麻痺」。這項行為的背後存在想要避免選擇錯誤導致損失，或是後悔做出那個選擇的心理。

利用果醬的種類了解選擇難易度的實驗

美國行為經濟學家希娜．艾恩嘉（Sheena Iyengar）做過一項實驗，在超市擺放6種和24種果醬，調查哪一邊的果醬較多人試吃，以及哪一邊試吃後的銷售量比較好。

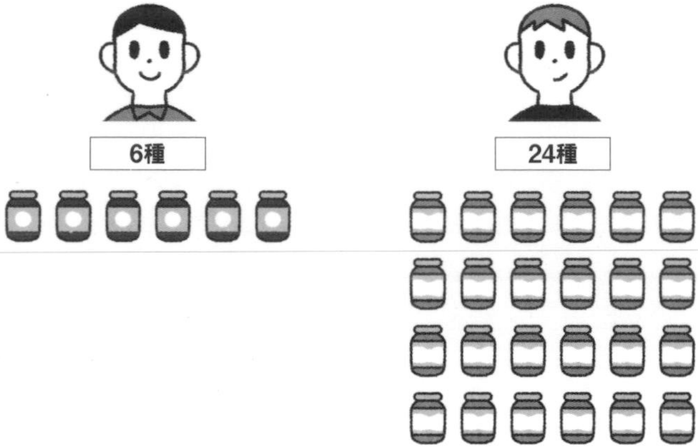

	6種	24種
試吃率	40%	60%
購買率	30%	3%
最終購買率	12%	1.8%

從「購買新車時的選配項目」了解選擇難易度的實驗

美國經濟學家強納森．勒法福（Jonathan Levav）做過一項實驗。針對購買新車時的選配項目，他讓2組人依照不同的順序做選擇。一組是從選項多、很難抉擇的配件選起，另一組是從選項少的配件選起，結果從選項多的配件開始挑選的人陷入「決策疲勞」，最後選擇標準配備。這跟放棄依自己的意志做選擇的「選擇麻痺」狀態相同。

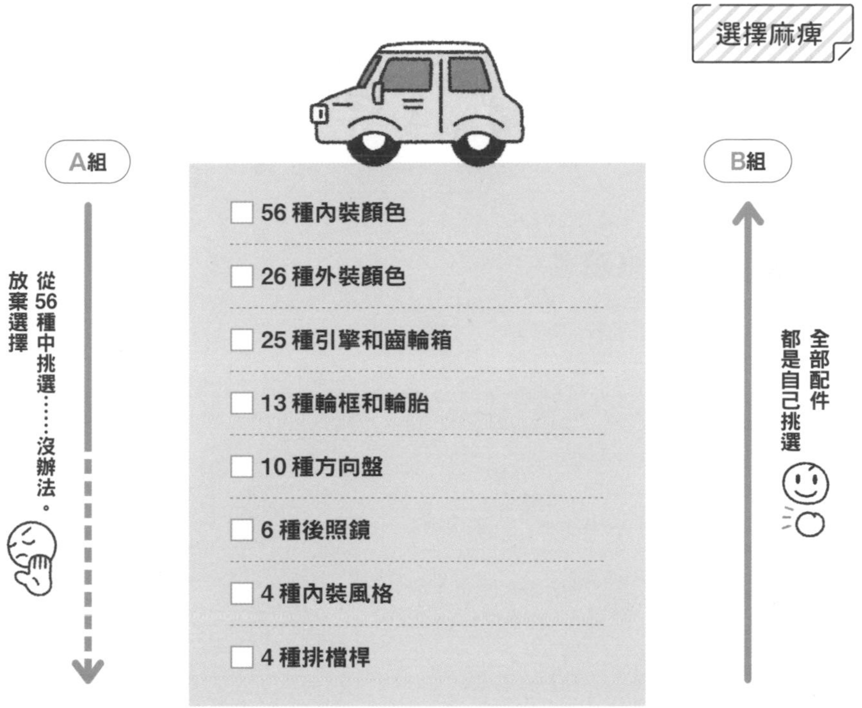

想了解更多

要在眾多選項中做選擇時

一般認為，可以自由選擇的選項愈多，滿意度就愈高，但其實不然。在上述挑選汽車配件的實驗中，一開始做出艱難選擇的小組，中途放棄自己挑選，選擇接受廠商提供的標準配備。因為不斷做決定導致大腦疲乏，陷入決策品質下降的「決策疲勞」狀態。就算是面臨不得不在眾多選項中做選擇的場面，也必須避免陷入這種狀態。作為因應對策，可以藉由減少重複的選項，或是先進行分類、分群等，以避免一次就要在眾多選項中做選擇的情況。

11

KEYWORD ≫ 情意捷思

為什麼只要是「我推」的周邊商品就買單？

根據好惡之類的感受進行判斷

我們有時候會以自己喜不喜歡之類的感受來判斷本來應當理性判斷的事情，例如：一件事情的好壞、行為的選擇、發生的頻率和機率等。這種心理偏誤稱之為「情意捷思」，它會在各種場面中影響我們。有一項研究調查了全世界主要股票市場的「股票指數」和「上午日照時間」的關係。結果發現兩者之間有關聯。晴朗愉快的早晨，投資人的心情也會比較積極正向。即便有風險仍然會積極投資，使得股價上漲和報酬率變高。連在那麼重要的金錢投資上，情緒也會發揮強烈的影響。

喜歡上了就想擁有

因為喜歡而想擁有是很自然的事，但無憑無據地認定自己中意的商品很優秀、應該買，這種情況就是受到「情意捷思」的影響。

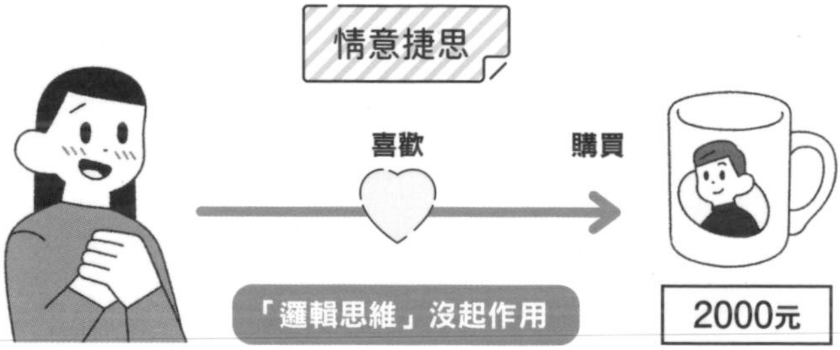

對策

盡可能根據邏輯思維做決定才能避免受到「情意捷思」影響，例如尋找自己有好感的對象的缺點、去注意自己不太喜歡的對象的優點等。

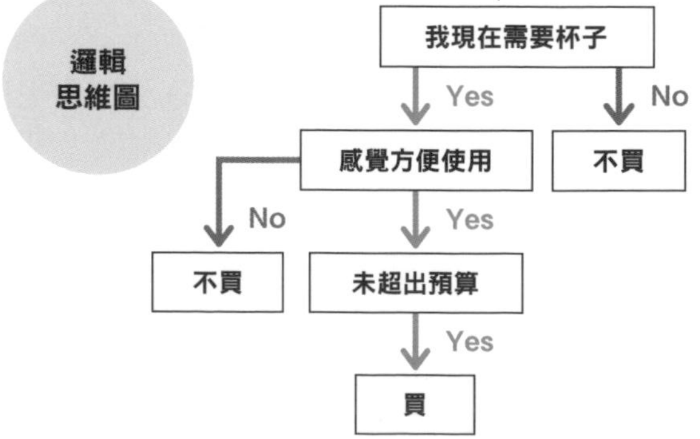

跟給人好印象的業務員購買產品的心理偏誤

一旦「情意捷思」起作用，就會相信給人好印象的業務員推薦的產品功效高。甚至認定買賣交易本身的風險低、很安全。

您好！
這個營養補充品
很有效喔！
哎呀，這人
感覺不錯。
我最近很累，
要不要買呢？
你好！
這個營養補充品
很好喔！
總覺得
不太喜歡
這個人。
不需要。

你有沒有根據
對業務員的印象
而非產品的好壞
進行購買呢？

因為對業務員的「好感度」，連帶會讓人在對「產品功效」、「交易風險」這類不相關的因素進行判斷時，也會朝向好的方向。

被利用來犯罪的情意捷思

一般的騙徒會笑容滿面、舉止親密地接近人，使人相信他們的謊言。而我們之所以會被他們良好的外表和舉止所騙，就是因為「情意捷思」的關係。

表面上
我是辛苦奮鬥
長大的。
10萬元的
羽絨被
背地裡
來賺他一筆！

- **一旦抱持好感就會只注意優點**
- **沒有仔細思索**

「情意捷思」一旦起作用，「對外表的好感」和「講話內容的正確度」等完全不相干的部分，都會被連在一起做判斷。

就連詐騙，
也存在
情意捷思的
作用喔。

12

KEYWORD » 沉沒成本效應

為什麼去吃到飽餐廳往往會吃過量？

人會執著於已經付出的錢

在意那些已經付出去，再也收不回來的錢也無濟於事。原本應該忘了它，思考今後該如何運用金錢，但又會放在心上，不希望它白白浪費掉。這種心理是受到行為經濟學中的「沉沒成本效應」影響。所謂沉沒成本（Sunk Cost）指的是**過去已支付而無法回收的成本**。這裡的成本不僅是金錢，還包含付出的時間、勞力等各種形式的成本。這種心理一旦發揮作用，**即使知道划不來也無法停止那樣的行為**。應當將沉沒成本切割開來，思考其價值是否能延續到未來。

吃到飽以吃為重，享受是其次

吃到飽形式的自助餐，一開始支付的費用就是沉沒成本。不論吃或不吃，錢都回不來。因此我們會傾向採取不浪費那筆錢的行動。

得吃夠本才行！再多吃一點，否則划不來！

當「沉沒成本效應」起作用時，我們會忘記享受，也不在乎暴飲暴食，只想著能吃多少就吃多少。

如果是別人送的餐券，沉沒成本效應不會起作用，可以純粹地享受餐點。

雜誌附贈附錄的機制

最初是對附錄感興趣才開始買雜誌，沒有太當一回事。雖然沒有非持續下去不可的堅定意志，但因為之前購買數次的錢會白費，所以無法停止。

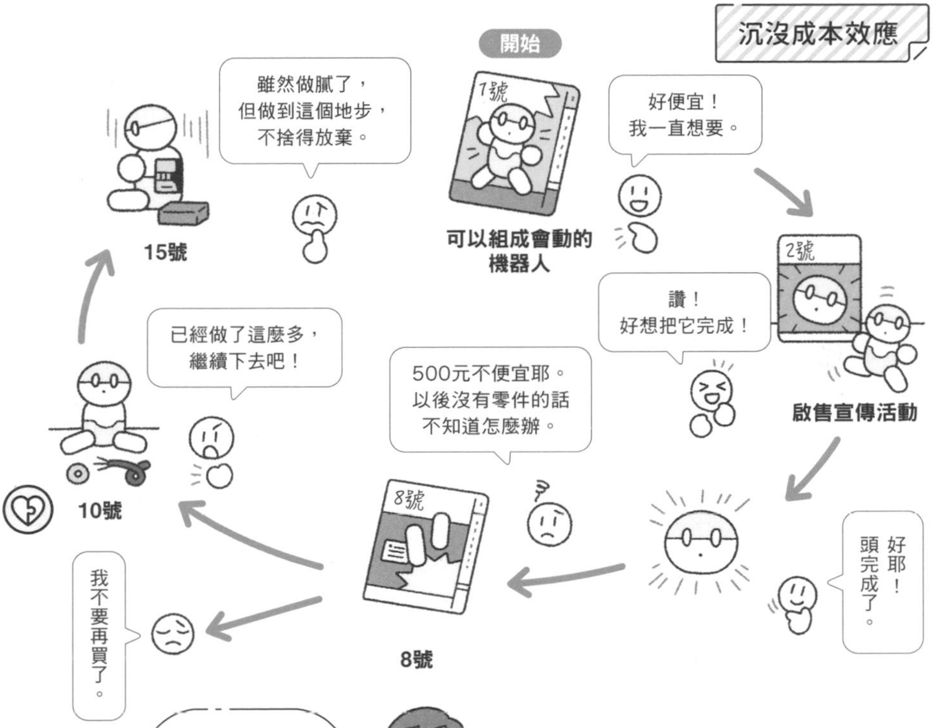

原本應當考量的是持續下去要投入的整體費用，但因為比那個便宜許多的前幾次花費被認為很重要，結果損失卻更大。

想了解更多

受沉沒成本效應影響的時刻

「沉沒成本效應」的影響及於各種場面。比方說，捨不得丟棄尺寸不合的鞋子也是這種心理所致。另外，如果持續玩社群網路遊戲，就會不想白白浪費投入許多金錢和時間才得到的道具和裝備、地位、技巧等。結果就是繼續玩遊戲，開銷增加，這也是因為「沉沒成本效應」的關係。企業或政府機關創辦一項事業時，不但相關人員要花費許多時間和精力，還需要投入資金。即使中途發覺事業將以失敗告終，一旦這種心理發揮作用便無法放棄。這一切的原因就是「執著於過去投入的成本」。

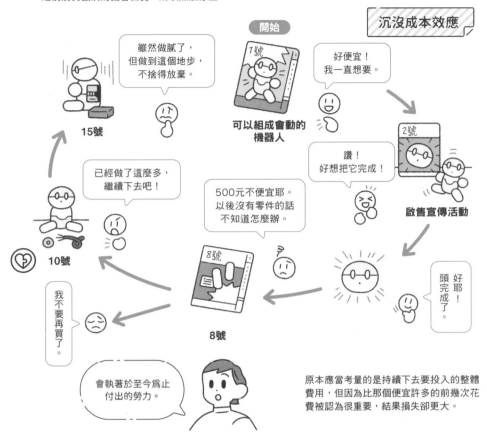

13

人討厭改變

KEYWORD ≫ 維持現狀偏誤

想避免因改變造成損失，而非藉由改變得利

大多數的人都會試圖逃避改變，即便他並不是個特別頑固的人。這是受到「維持現狀偏誤」的影響。這種偏誤會讓人想要保持現狀，不接受未知、不曾體驗過的事物。例如，有人去餐廳吃飯總是點同樣的菜色，喝酒必定去經常光顧的店。也有人會長期穿自己喜歡的服裝款式。這些行為有可能都是受到「維持現狀偏誤」的影響。保持現狀不見得最好，但也不會暴露在未知的風險中。**任何改變都有可能會造成損失。這是為了避免這種情況發生的下意識行為。**

不想失敗的念頭促使人維持現狀

「維持現狀偏誤」與損失帶來的難過超過獲得帶來的喜悅的「損失規避」心理有關。想要避免因為改變造成損失的心情很強烈，因而抗拒改變。

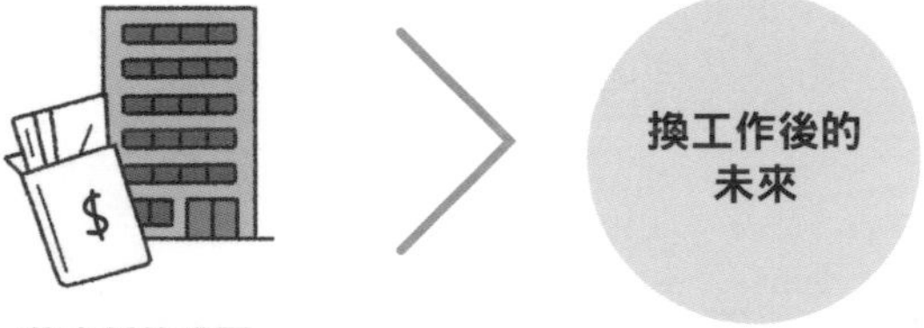

薪水低的公司

比較貴但以前使用過的名牌包

其他牌稍微便宜的新產品

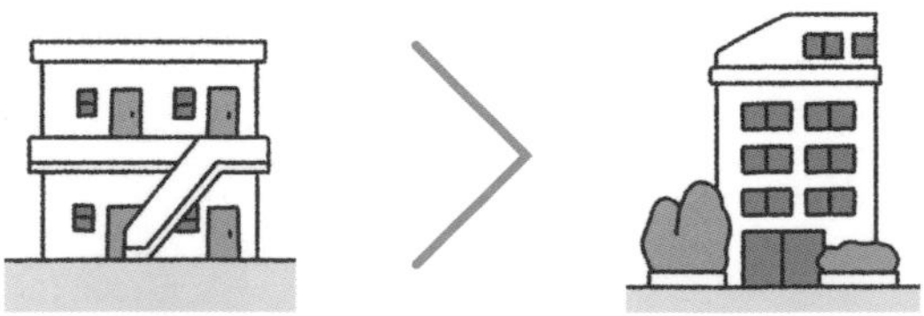

有點小但不用搬家

換環境搬到比較大的房子

人討厭改變，即使是很小的事情

加拿大經濟學家傑克．克尼區（Jack L. Knetsch）在一項實驗中，為 2 個班級的學生分別準備了不同的禮物，並在事後調查他們是否希望換成沒收到的那個禮物。他預料會有一定比例的人提出交換要求，但卻幾乎沒有人提出要求。

① 回答問卷後獲得小禮物

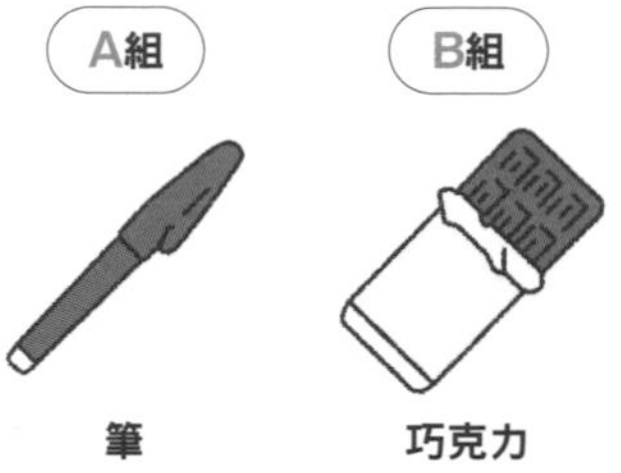

② 實驗結束後，讓大家看另一種禮物，並告知想換的人可以交換

③ 想換的學生只有10%

結果約90%的學生都不希望換禮物。這顯示多數人都選擇維持現狀，並沒有思考自己想要哪一個禮物。

維持現狀偏誤

想了解更多

為什麼訂閱制正在穩步地增加？

近來增加的「訂閱制」也和這種心理有關。這種服務是定期支付定額的費用，即可觀賞影片、聆聽音樂，或使用時裝、配件等。這種服務戳中了人一旦開始使用就會想維持習慣的心理。不過，「維持現狀偏誤」利用得好，確實會產生良好的效果。例如，像財形儲蓄（譯註：日本一種勞工儲蓄制度，企業會自動將部分薪水匯入員工的儲蓄帳戶）這種一旦開始就不容易停止的存錢方式便能長久持續下去。此外，沒有運動習慣的人每月付固定的金額上健身房，也是一種能夠持續下去的有效方法。若能妥善利用這種會作用在自己身上的心理偏誤，就能沒有壓力地維持「良好的現狀」。

14

大家都有的東西我不想要

KEYWORD » 虛榮效應

被「唯我獨有」的特殊感所吸引

許多人似乎覺得碰巧和別人穿同樣衣服的「撞衫」情況很尷尬。其背後是**渴望與別人不同的心理**在作祟。像這樣渴望擁有別人沒有的商品，任何人都能輕易取得的商品就不想要的心理，稱為「虛榮效應」。有這種心理的人會**希望自己與別人有所區隔，因而會覺得限定商品或稀有性高的商品很有價值**。如果要舉例，包括初回限定版的遊戲、CD和書籍等。航空公司哩程酬賓計畫的高級會員等，也具有特殊感和稀有性。

以滿滿的特殊感撩撥顧客的心

即使是普通商品，利用數量限定、期間限定、區域限定、購買對象限定等也可能製造出稀有的效果。受到「虛榮效應」影響的人就會購買。

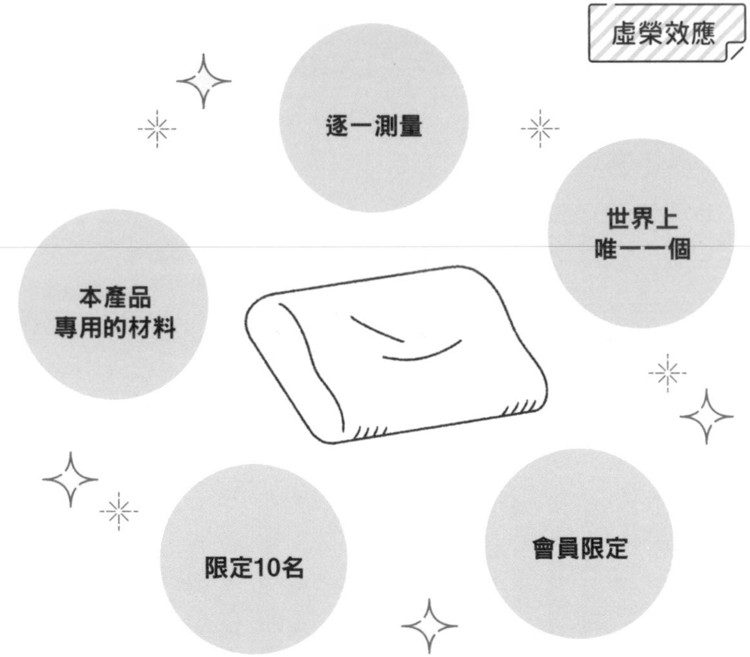

有條件限制的販售會引發「虛榮效應」。如果再進一步訴求機會有限，效果會更強烈。

不易取得的東西，人會更想擁有

限定區域銷售、限時銷售、限量銷售的商品等，必須在特定的地點和時間才能買到，是非常珍貴的商品。這點很吸引人。

● 區域限定的商品很搶手

除非專程跑去當地才買得到的區域限定販售商品，對其他地方的人來說，是具有稀有性的商品。

● 營造稀有價值進行販售

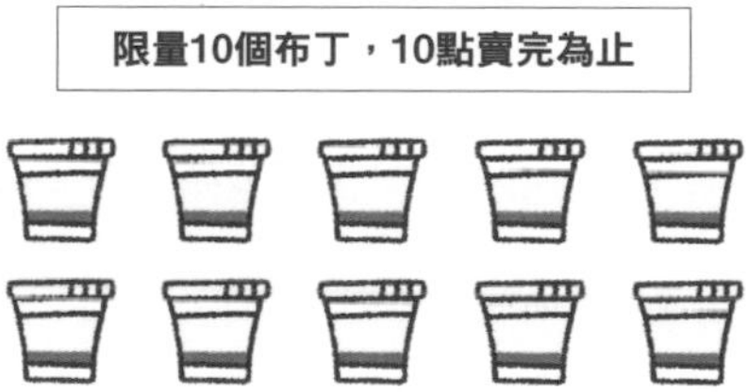

限時銷售、限量銷售的商品，必須配合限定的時間才能夠買到，因此是珍貴的商品。

不當冤大頭

特殊感使人感覺良好

會順從「虛榮效應」心理的人，也可以說是很容易受外在影響的人。因為意識到他人的存在，才會產生想與他人有所區隔的欲望。出於這類動機的購物行為，不見得正確評估過那樣商品的價值。此外，因為稀有而購買，結果是否能令人滿意值得懷疑。為什麼呢？因為如果是好的商品，購買的人會增加是很自然的事。而受到「虛榮效應」影響的人，應該對多數人購買的商品沒興趣吧。因此才會導致好的商品卻乏人問津的情形。當然要買什麼是個人的自由，但根據自己的判斷而購買很重要。

15

KEYWORD » 損失規避

「因為免費所以賺到」是真的嗎？

為了享有「免費」而花錢？

當得與失的程度相同時，**因為損失帶來的難過大於獲得的喜悅，所以會下意識地迴避損失**，這種心理就是「損失規避」。受到這種心理影響，把錯失可以用更便宜的價格購買、可以接受服務的機會視為一種損失，有時反而會造成損失。比方說，「一次買很多」有時確實比較便宜，但需要花時間消耗的物品，要為儲放地點傷腦筋；食品的話，則可能放到賞味期限過期。另外，為了不浪費免費取得的「折價券」而購買的商品，也可能後來發覺根本不需要。應該買自己需要的商品與需要的量。

為了免繳停車費而購物划算嗎？

應該付停車費，還是加購100元的物品？最好能冷靜比較一下，但我們往往只考慮到要省停車費。

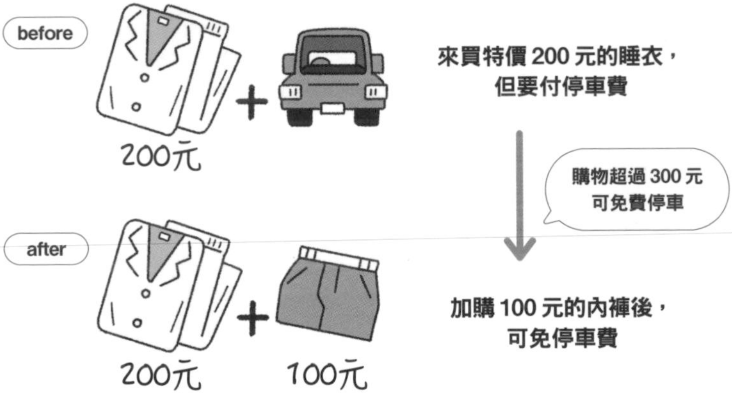
before
200元
來買特價200元的睡衣，
但要付停車費
購物超過300元
可免費停車
after
200元
100元
加購100元的內褲後，
可免停車費

before　200元 ＋ 停車費 40元 ＝ 240元

after　200元 ＋ 100元 ＋ 免停車費 ＝ 300元

咦？
額外多付了。

在「購物滿300元可免費停車1小時」的店裡消費200元後，發覺再消費100元就能免繳40元的停車費，認為錯失免費的機會是種「損失」而額外加購物品，將導致更大的損失。

買2件打8折划算嗎？

聽到加購第二件打8折時，我們會當場急忙尋找要加購的商品。即為了獲得折扣而尋找符合該數額的商品。

損失規避

before

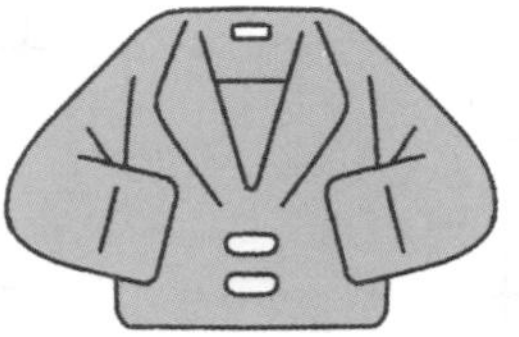

去買一件
1000元的夾克

買2件的話，
總金額打8折喔

after

加購一件800元的
經典白襯衫

加購的商品如果是自己需要或是喜歡的東西，那很好，但當場未仔細思考而做出的購買決定，多半都沒有好結果。

before	1000元			的花費
after	1800元	→	1440元	的花費

不當冤大頭

人容易以為「免費」或打折是「賺到」

一旦我們知道有可能獲得「免費服務」或「折扣」時，就會看不見其他東西。原本應當思考最終要付多少錢、結果會得到什麼。另外，在需要支付額外的費用才能獲得免費或折扣的情況下，我們會心想只要金額符合就行了，而不會去管是什麼商品。這不是購物，只是試圖尋找花錢的對象。照理說，我們應當購買真正想要的東西，如果沒有就不要買。「損失規避」的心理一旦起作用，我們的想法和行為就會偏向「不買就吃虧」的方向。不應該執著於眼前的得失才對。

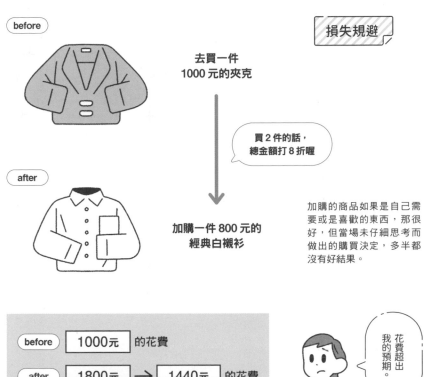

16

人會想藉由損益歸零來彌補內心的不滿

KEYWORD » 損益兩平效應

比起獲利，一般人更高興損益歸零

股票投資圈有句名言「沒賠就是賺」，這是在表達一直等待賠錢的股票股價回升，當它由負轉正終於賣掉時，感到鬆一口氣的心境。**即使最終獲利不多，但只要沒賠就很高興。**像這樣一度產生虧損之後，當虧損接近零或轉虧為盈時便很高興的心理，叫做「損益兩平效應」。在最近流行的二手交易平台App上賣出東西時的喜悅，也近似於這種心理。自己用不到或不用的物品，從別無選擇只能接受虧損扔掉的情況，變成多少能有點收益，肯定是非常開心的。

賭博輸錢後沒多久，人會採取什麼行動？

芝加哥大學在一項實驗中，用「賭博剛輸了 30 美元」的設定問參與實驗的人 2 個問題，調查人會如何做選擇。結果，假使損益能歸零而願意賭一把的人似乎居多。

實驗①　當獲得或損失 9 美元的機率各占 50%時會如何選擇？

A 40%的人

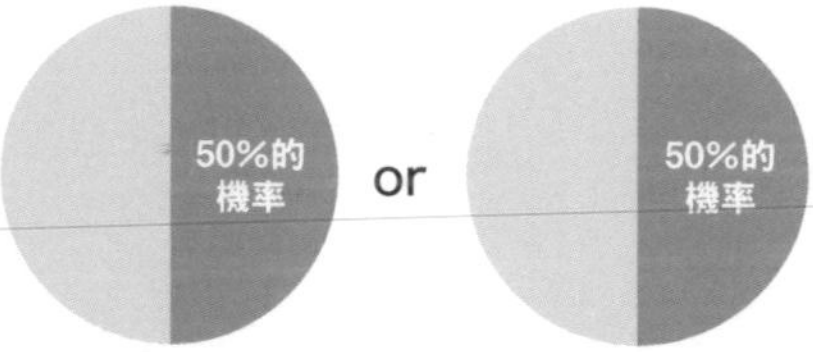

可以獲得 9 美元　　會損失 9 美元

B 60%的人

沒有任何得與失

➡ 40%的人回答A

實驗②　當有33%的機率可以獲得30美元時會如何選擇？

A 60%的人

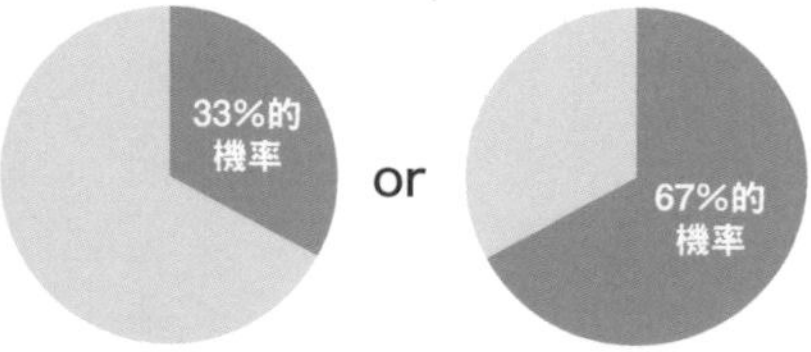

可以獲得 30 美元　　不會得到任何東西

B 40%的人

沒有任何得與失

➡ 60%的人回答A

如果不可能挽回30美元的損失，人不會選擇冒險（實驗①）。另一方面，如果像實驗②那樣有可能讓損益歸零，人就會選擇賭一把。

試圖挽回損失而積極承擔風險

在一場有機會將損失扳平的賭局中，賭贏時的喜悅遠遠超過賭輸時造成同等程度損失的難過。

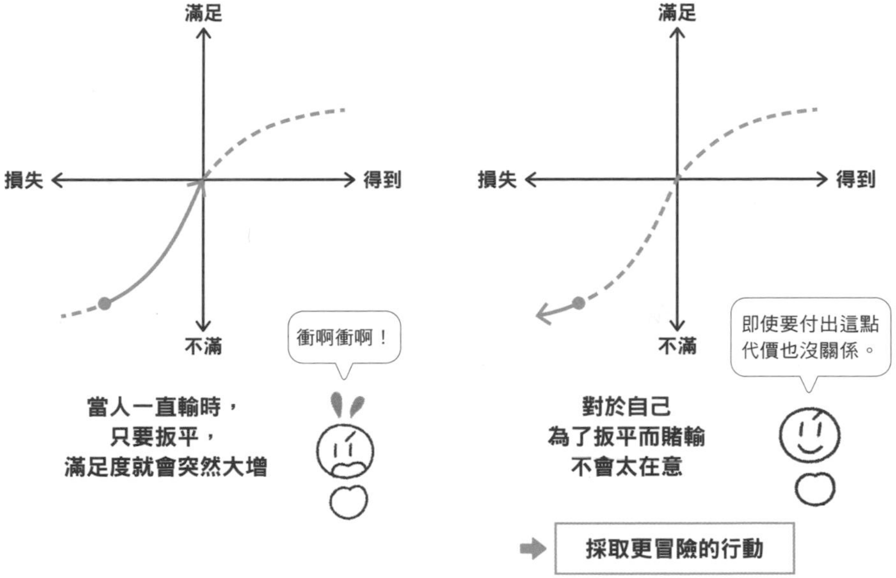

當人一直輸時，
只要扳平，
滿足度就會突然大增

對於自己
為了扳平而賭輸
不會太在意

損益兩平效應

當情況從圖表左側的「虧損」回復到中間的「損益歸零」時，滿足度會從圖表下方的「不滿」回到中間「沒有滿足和不滿」的狀態，上升得又快又吸引人。

心情也恢復的損益兩平效應

在新冠疫情流行，自我約束使得人們無法自由活動的損失狀態持續一段時日後，當限制放寬而重獲自由時出現的爆買行為稱為「報復性消費」。這就是一種想要充分享受回歸日常生活（＝損益歸零）的釋放感的消費行為。

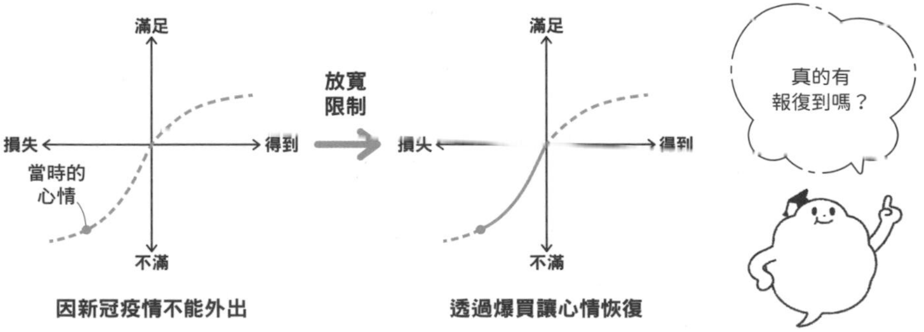

因新冠疫情不能外出

透過爆買讓心情恢復

橋本老師來解答

行為經濟學的

購物諮商室

Q 模特兒穿起來很可愛的衣服，我一穿上看起來就不可愛。

逛流行服飾網站時，發現好看的衣服馬上就買了。結果一穿，看起來一點都不可愛。是因為模特兒長得可愛，才覺得衣服很可愛嗎？

（25歲，女性，上班族）

A 我可以用「光環效應 」來回答這個問題。「光環效應」的「光環」指的是背光。產品的形象也可能會受到背光照射對象的顯著特徵影響。即使是同樣的衣服，不同的模特兒來穿，給人的印象也會不一樣。逛流行服飾網站時之所以覺得衣服看起來很可愛，也許正如妳所說是因為模特兒的影響。不過，妳實際試穿後的印象，是否因為與專業模特兒比較而受到影響呢？我擔心妳的缺乏自信，是否以「光環效應」的形式影響了妳對衣服的印象。消除心理偏誤的方法之一是聽取客觀的評價。試試看穿上它，聽聽周圍其他人的意見或許也是不錯的方法。

⇨P.24

Q 經過各種考量後買了房子，這樣好嗎？

我買了一間中古屋。原本嚮往熱門地段和新成屋，但最後選定的卻是在我的預算範圍內，存在一些隱患的地區。可能是因為從車站出來後要走一小段路的關係，感覺比現在的市場行情還要便宜。鄰近公園，育兒環境佳，學區良好，室內的設備也不差，我還算滿意。難道這只是我在自我說服嗎？

（38歲，女性，上班族）

A 人具有不自覺想要服從多數的傾向，即便要扭曲自己的看法或信念。不過，這有時可能是個放棄自己做判斷的危險決定。買房因為各種條件和費用錯綜複雜、互相牽扯，不是件容易的事。有人受到「從眾效應」影響，會以普遍認為好的標準做判斷。不過妳應該是列出各種條件、釐清優缺點，再從中挑選出不能退讓的條件，並考量預算後才做的決定。這是不被心理偏誤所惑，非常出色的決定。

⇨P.116

Chapter

2 讓你當個聰明消費者的行為經濟學

最容易理解行為經濟學理論的場景就是消費行為。

如果能了解人為何會出現非理性行為，即可期待藉由一些因應對策，成為一個聰明的消費者。

01

KEYWORD ≫ 極端性迴避

為什麼會選擇「竹」便當？

人會擁有選中間的心理

當品質和價格有3個不同種類可供選擇時，如便當或壽司的「松」、「竹」、「梅」3種等級，人會傾向於選擇「中間」，迴避價格和品質最高與最低的選項。為什麼呢？因為最貴的商品支付的金額較高，感覺不划算。反之，最便宜的商品感覺會無法讓人滿足，划不來，所以也不會選擇。也就是會**試圖迴避選擇極端選項而造成損失的可能性**。這種心理稱為「極端性迴避」。當人被提示有3種等級的選項時，便會認為中間的選項價格適中又有一定的品質，因為「很安全」於是選擇它。

當有3種價格時，你會想選擇的是？

在不知道會端出什麼樣的餐點、分量多少的情況下，腦中會浮現發生損失的可能性。因而認為中間選項的風險最低。

主廚握壽司

松 1000元
竹 800元
梅 500元

極端性迴避

「松」太貴了。
「梅」的品質或許很差。
但是，「中間的風險最低」這種判斷根本毫無根據。

松

竹

梅

「選擇哪個金額」的實驗

美國行為經濟學家阿莫斯·特沃斯基（Amos Tversky）所做的實驗經過改編之後得出一項結果。如果問受試者，在低價位、低功能的相機和中等價位、中等功能的相機之間會選擇何者時，答案各占一半。然而，當加入高價位、高功能相機的選項後再問一次時，大半的人都會選擇中間選項。

● 相同品牌的相機排在一起

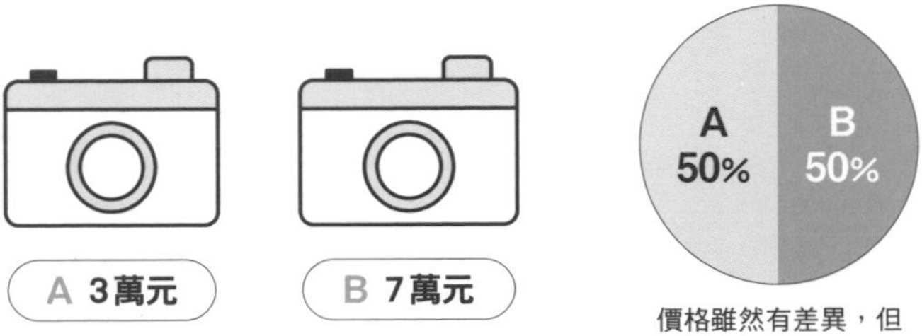

價格雖然有差異，但選擇的人一樣多。

● 當12萬元的相機也排在一起時

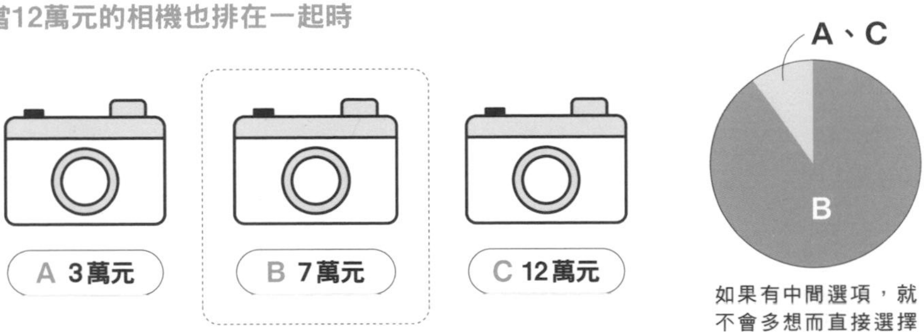

如果有中間選項，就不會多想而直接選擇中間選項。

不當冤大頭

是否被動地做選擇？

賣方如果對消費者的「極端性迴避」心理有所認識，就可以利用方法讓消費者購買賣方想賣的商品，以提高利潤。比方說，以品質低於其價格的商品作為中間選項，應該就能讓利益率達到最高。或是在2種商品並排陳列時，可以硬是把售出機率低的商品和高價的商品排在一起。只要把希望售出的商品設成中間選項，售出的可能性就會提高。像這樣看似由自己做選擇的情況，其實有可能是被動地做出選擇。即便是出於自己的意志想要購買的商品，也應該意識到其實有可能是受到賣方的操控。

02

你真的想要降價的高檔包包嗎？

KEYWORD » 錨定效應

明明不便宜卻感覺很便宜

我們在做一些判斷和預測的時候，很容易受到最初顯示的數字、事物和過往經驗等強烈的影響，這種心理偏誤叫做「錨定效應」。「錨」就是「船錨」。這是指**一開始的資訊變得像個錨一樣，之後就像一艘船下了錨，只能在錨附近的狹窄範圍內做出判斷和預測**。當需要在短時間內做判斷時，人會先「推斷大致的情況」。之後再進行「調整」，以便做出更正確的判斷。一旦最初的「推斷」受到錨定效應影響，即使經過調整還是會偏離正確的判斷。

被刪去的數字成了資訊，因此感覺很便宜

特價拍賣的商品等，有時仍會標示原本的價格，只是劃線刪去，再寫上降價後的價格。被刪去的數字會變成一個錨，使商品看起來很便宜。

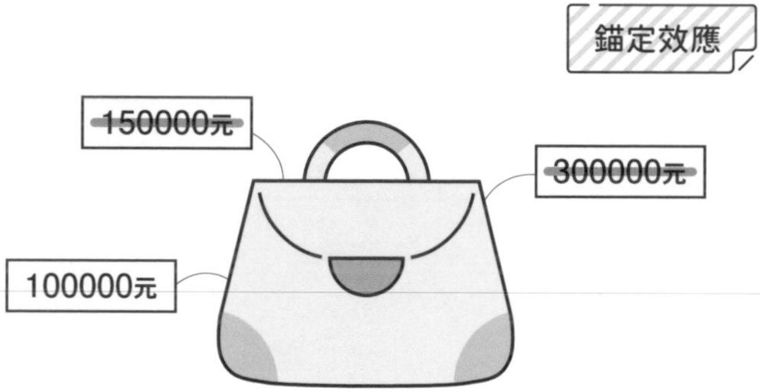

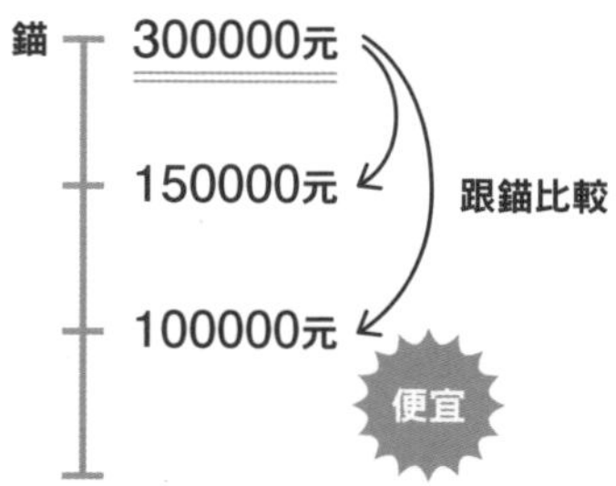

原本的價格愈貴、折扣愈大，商品就顯得愈便宜、愈划算。

⑤ 在國外講價同樣根據「錨」進行判斷

出國旅行購物等，有時會遇到與當地賣家講價的情況。對方有時會先丟出一個與實際價格差距很大的金額，要注意。

對策

在國外購物或許很難確定真實的價格。但要知道對方有可能會利用錨定效應。

不當冤大頭

人在什麼情況下會被錨定效應所迷惑？

在降價促銷時，原本的售價會成為一個錨，使現在的價格看起來很便宜。按理來說，變成錨的原本售價與當下的購物無關。會被它誘惑，表示你一直拘泥於過去，而忽略了眼前的現實。而且連自己都沒發覺就被賣家設下了價格的判斷標準。會因為降幅大就購買的人，可說就是容易受這種偏誤影響的一群人。不要被價格迷惑，應當思考自己是否真的想購買那樣商品。

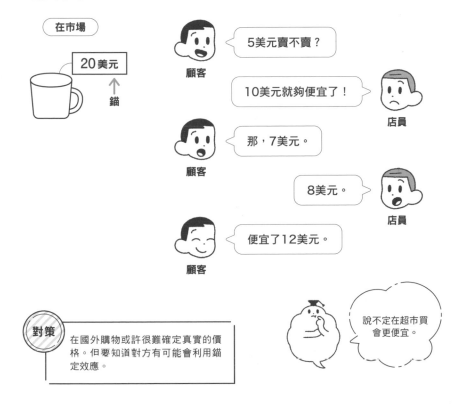

03

明知中獎機率低，還是掏錢買彩券

KEYWORD » 機率加權函數

人無法正確地感知機率

「實際發生機率」和人「主觀上認為會發生的機率」並不一致。其差異可用左頁的「機率加權函數」來表示。橫軸代表「實際發生機率」，縱軸代表「主觀上認為會發生的機率」。尤其是當實際機率接近0％或100％時，與感覺之間的落差會更大。這也是為什麼彩券的中獎機率極低，我們的感覺卻高於實際的原因。「彩券是不買就不會中」這一類的說法，也是只注意「零」和「雖然只有一點點但超過零」的差異。然而事實是，實際中獎機率近乎於零。

人很容易誤判機率

彩券中 2000 萬元的機率據說是 0.00002%，儘管無限低，但並非 0%。這樣的機率會讓人容易高估實際的中獎機率，期待能中獎。相反的，99%的治癒機率雖高，但不是 100%。人會感受到高過實際的不安。「實際機率」和「感受到的機率」並不一樣。

● 零的機率被過度評價

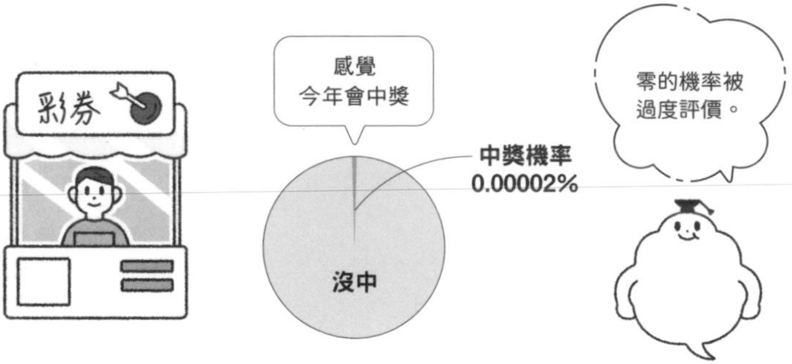

彩券
感覺
今年會中獎
中獎機率
0.00002%
沒中
零的機率被
過度評價。

● 幾乎確定的情況會被過度低估

顯示這種現象的
就是下一頁的
機率加權函數。
99%會治好。
痊癒
也有可能治不好
對吧？
擔心

人為何會誤判機率？

實際機率和感受到的機率唯有在0%和100%的情況會完全一致。發生機率在70～90%左右的事情，人感受到的機率會低於實際，而發生機率在0～20%左右的事情，人感受到的機率則比實際要高。

機率加權函數

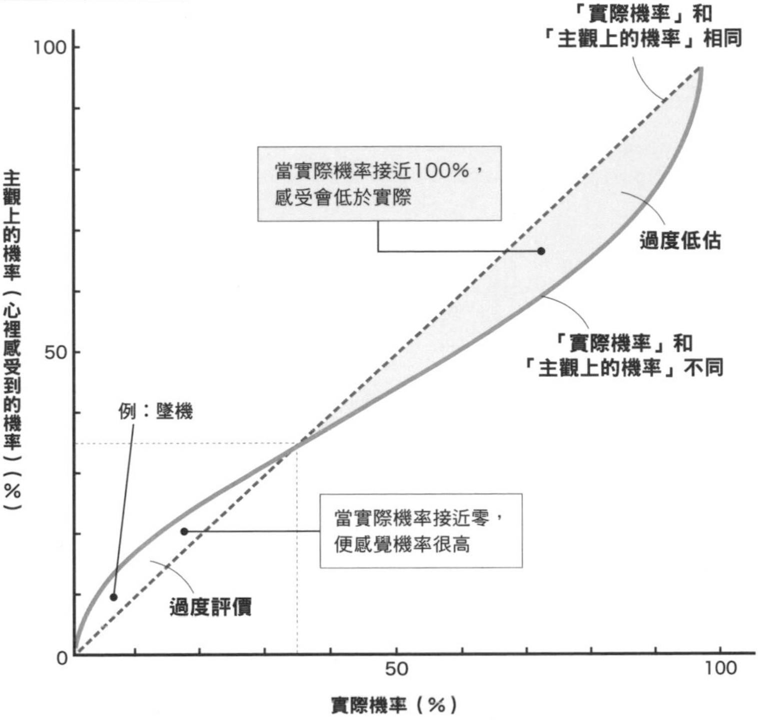

想了解更多

構成行為經濟學理論的要素「機率加權函數」

行為經濟學已證實，人在不確定的狀況下無法做出理性的判斷。諾貝爾經濟學獎得主丹尼爾．康納曼稱這種心理為「展望理論」。這套理論包含2個主要概念，其一是「價值函數」。此函數顯示出得失與伴隨而來的感受之偏差。另一個就是本頁所介紹的「機率加權函數」。它顯示出人會根據與實際機率相異的主觀感受進行判斷。人不是用數值來理解機率，而是籠統地區分成「可能」、「不可能」、「有可能性」等，憑直覺做判斷。

04

KEYWORD » 框架效應

如果「一天只要100元」，要投保嗎？

同樣的東西，看起來卻不一樣

人並非全方位地掌握事物，而是像透過一個框架觀看般，採取片面的觀點。即使是同一件事物，只要觀看的角度不同、理解的方式不同，判斷就有可能會改變。這種心理偏誤稱為「框架效應」。人的判斷會受事物的呈現方式（框架）左右，但自己並沒有意識到這一點。以半杯果汁舉例來說，如果說「還有一半」，我們就會覺得「可以繼續喝」；如果說「只剩一半」，我們就會覺得「所剩不多」。表達方式會改變我們對事物的印象。

想一想「怎麼說」能引起別人的關注

利用這種效應，可以改變你希望售出的商品給人的印象。「一個月3000元」和「一天平均100元」，雖然支付的金額相同，但後者會給人比較便宜的印象。

● 一個月 3000 元和一天 100 元的保險

框架效應

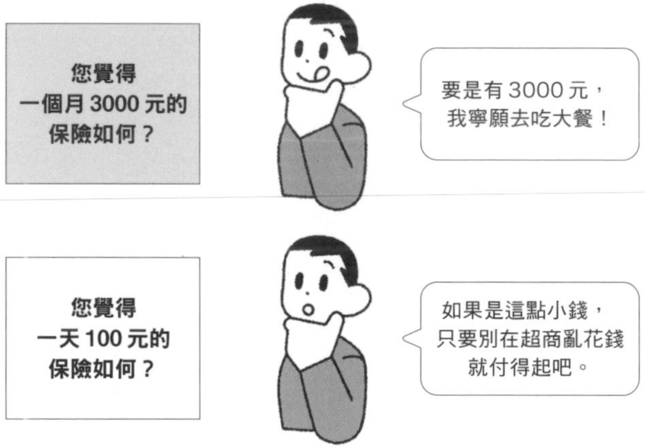
您覺得
一個月 3000 元的
保險如何？
要是有 3000 元，
我寧願去吃大餐！
您覺得
一天 100 元的
保險如何？
如果是這點小錢，
只要別在超商亂花錢
就付得起吧。

一個月 3000 元 ＝ 一天 100 元

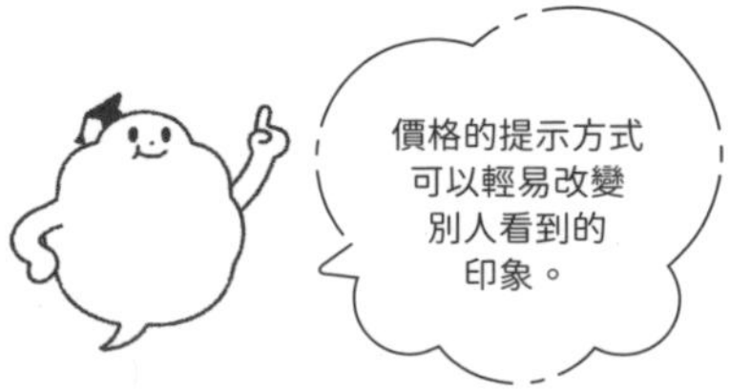
價格的提示方式
可以輕易改變
別人看到的
印象。

● 利用雙層窗戶節省電費和燃料費

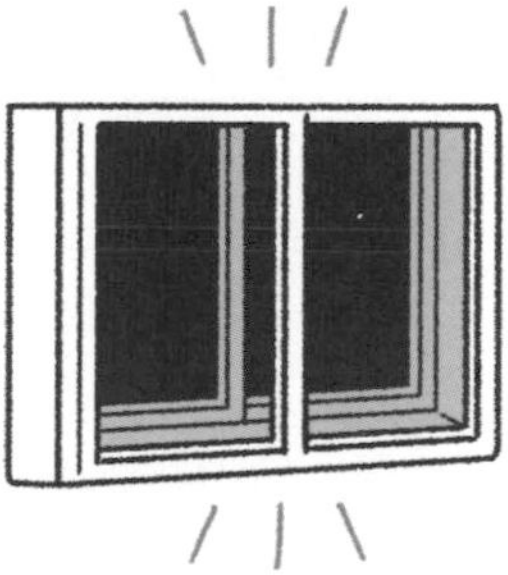

改成雙層窗戶的隔熱效果，
10年可省下3萬元的冷暖氣電費

一個月 250元

一年 3000元

事實上金額相同

一年3000元 ＝ 一個月250元

當我們聽到10年「省下3萬元」，比聽到一年「省下3000元」感覺賺更多。

不同的表達方式會讓人產生不同的感受

廣告等會想方設法地提高觀眾的關注度以帶動銷售。想傳達商品價格便宜，或讓人覺得商品分量很多的情況，要使用具有「框架效應」的表現方式，以強烈傳達出賣家的意圖。

● 購買原因也會因為銷售標語而改變

結束營業清倉拍賣

特價拍賣

當我們聽到賣方結束營業清庫存時，因為低價銷售的原因很明確，所以更容易做出選擇。這種「框架效應」還涉及「基於理由的選擇」這樣的心理。

● 數字大便感覺分量多

牛磺酸1000mg

牛磺酸1g

上面寫有「牛磺酸1000mg配方」的機能飲料，感覺比寫有「牛磺酸1g配方」的機能飲料更有效。即使分量相同，但「1000」這個數字會改變事物給人的印象。

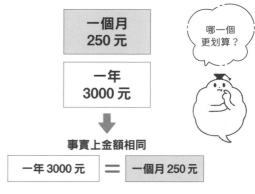

05

KEYWORD » 貨幣幻覺

「優惠25%」的宣傳標語讓活動成功

即使回饋金額相同，仍可用表達方式吸引大眾

「框架效應」是一種看待事物的方式或著重的點不同，而使判斷改變的心理偏誤。與金錢有關的「框架效應」之一是「貨幣幻覺」。這是心理受到金錢數額等表面價值的影響，而非受到實質價值影響的現象。錢是任何人都關心的事，對於是賠是賺，即便再微小的變化也會在意。然而實際上，我們卻常常忽略了實質的損益。企業為了提高利益會根據這種心理採取促銷策略。即便在活絡經濟的國家施策中，有時也會利用這種心理誘導人們大量消費。

回饋金額相同，但可以有2種表達方式

「消費滿20000元回饋5000元」就是「優惠25%」的意思。也可以用「購物滿25000元享8折優惠」的表達方式，這樣的說法讓人感覺更好。

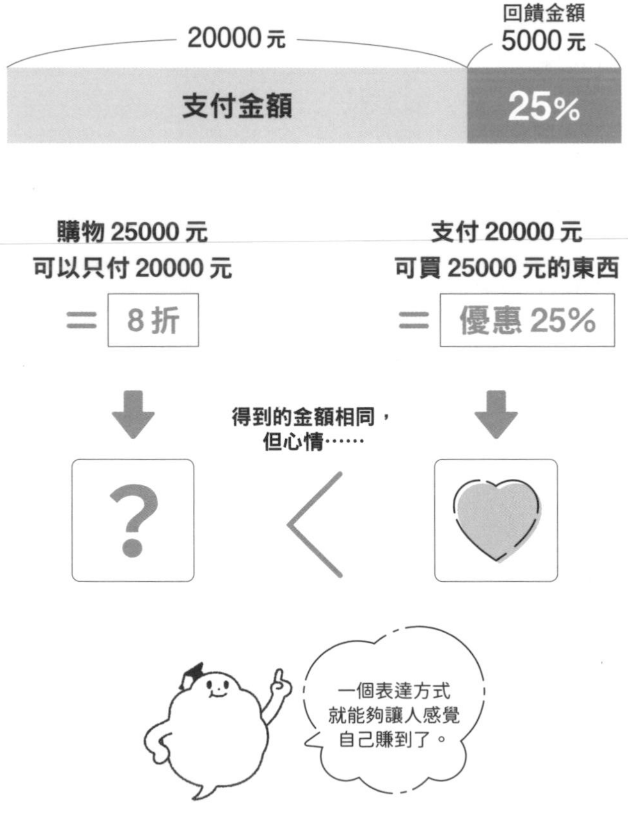

20000 元
回饋金額
5000 元
支付金額
25%
購物 25000 元
可以只付 20000 元
= 8 折
支付 20000 元
可買 25000 元的東西
= 優惠 25%
得到的金額相同，
但心情……
?
一個表達方式
就能夠讓人感覺
自己賺到了。

避免根據名目上的價值做判斷

假使薪水和物價同樣增加一倍，購買力並不會增加。不過，單純地薪水增加卻會讓人誤以為可以買更多東西。

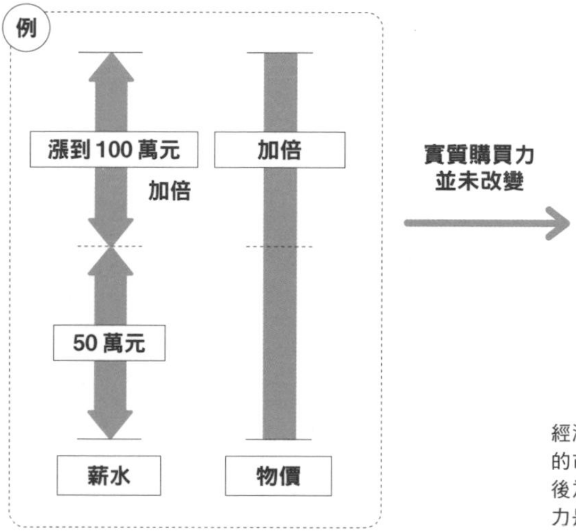

人們的購買行為理論上應該不變，但實際上卻反而買得更多

經濟統計上所使用的「名目值」是根據實際的市場價格而來。扣除受到物價影響的部分後為「實質值」，應當以此數值來思考購買力是否上升。

一旦被簡單易懂的數字影響就會看不見「實際折扣率」

人受到「貨幣幻覺」的影響時，便會只看容易理解的數字做判斷。每當薪水上漲或下跌時，即使只是些許差額我們都會在意，但應該也要看看物價的變化。

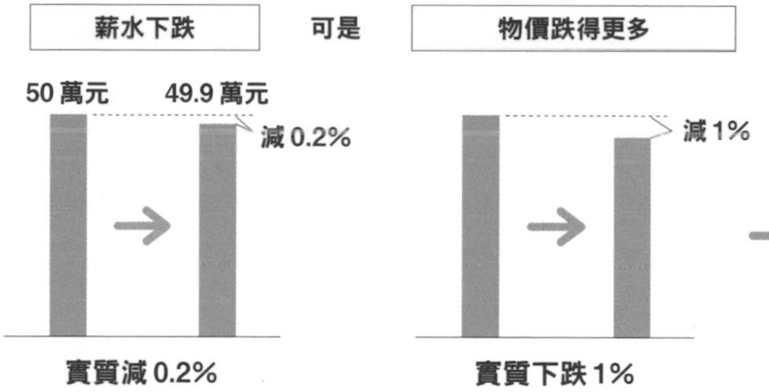

→ **沒有損失**

如果因通貨緊縮導致物價下跌，那用同樣的金額可以買到許多東西。別光在意薪資的漲跌，應當同時注意物價的漲跌。

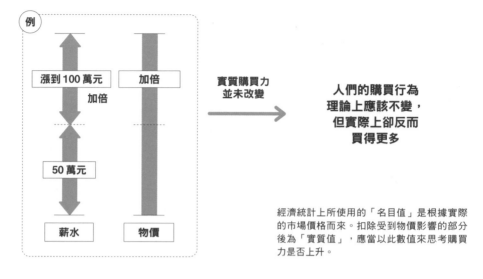

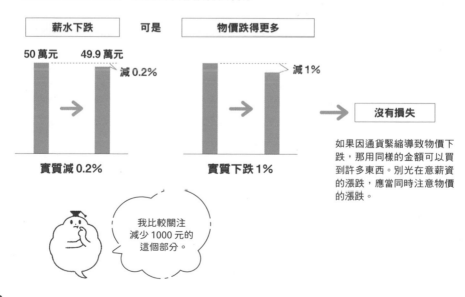

06 為什麼旅行時購買當地的特產不會手軟？

KEYWORD » 心理帳戶　橫財效應

金錢的價值主要取決於用途

在有關金錢的判斷上，即使金額相同，**我們所感受到的價值有時會因為其名目和定位，如透過什麼方式取得、用途為何等而有所不同。結果，連花錢的方式都跟著一起改變。**這種心理稱之為「心理帳戶」。典型的例子像是賭博贏來的錢會揮霍殆盡，不會穩穩地存起來這類的行為。這也是「心理帳戶」的一種，又名為「橫財效應」。這些全都是未經過深思熟慮便在狹窄的框架中做判斷所產生的心理偏誤，也是「框架效應」之一。

人的心裡有各式各樣的錢包

「心理帳戶」所引發的行為，似乎是因為我們的心裡有多個「錢包」所致。同樣是錢，但有的錢包「一下就打開」，有的錢包則「很難打得開」。

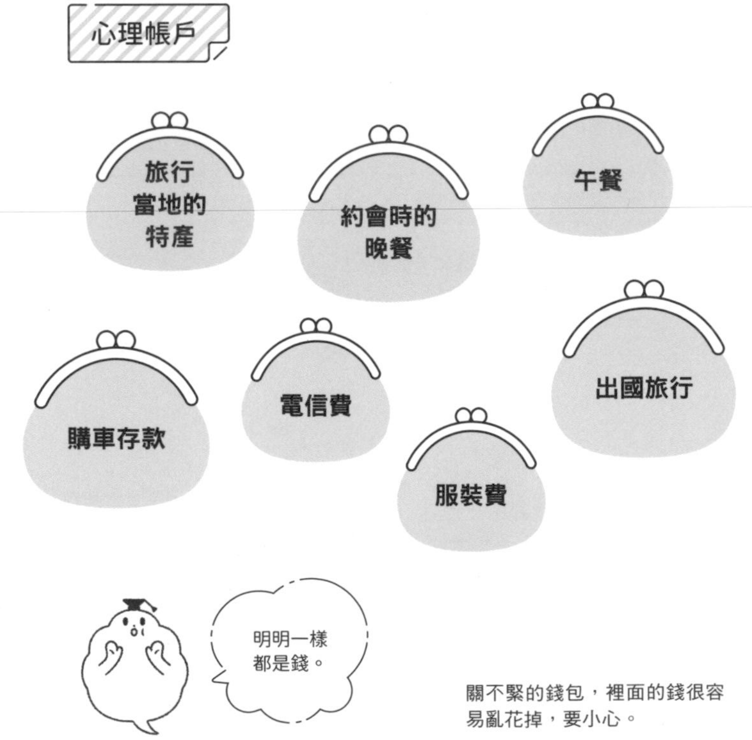

關不緊的錢包，裡面的錢很容易亂花掉，要小心。

不喜歡意外支出的心裡的錢包

例如，購屋儲蓄存款被認為很重要，屬於「很難動用的錢包」。即使有其他開支的需要，仍然會猶豫是否要動用那筆錢。

不願意

購屋儲蓄存款

為了買車而申貸
利率比較高的貸款

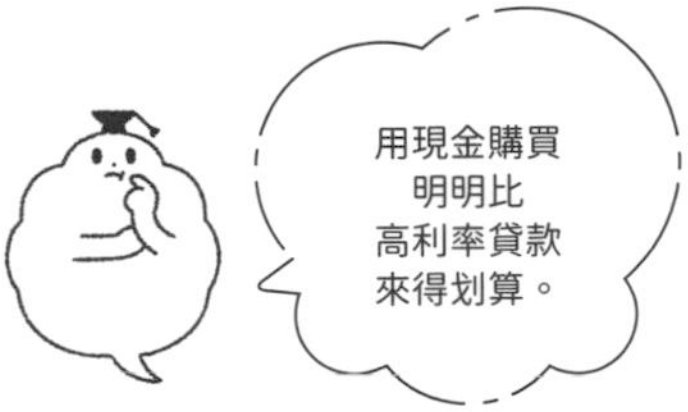
用現金購買
明明比
高利率貸款
來得划算。

即使有買車的需要，仍然很排斥從購屋儲蓄存款中支付，有可能最後還是申貸利率較高的汽車貸款。

辛苦賺來的錢和賭博贏得的錢

同樣是錢，如果是經過一番努力獲得的錢就會小心善用，而輕鬆到手的錢便不會珍惜。尤其要當心這種「橫財效應」。

橫財效應

存款
存款

辛苦攢下的錢　　**玩小鋼珠贏的錢**

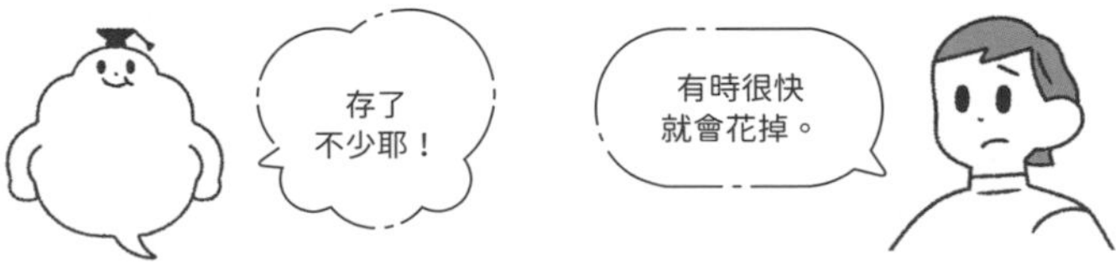
存了
不少耶！
有時很快
就會花掉。

07

為什麼快節奏的背景音樂會讓人加快步伐？

KEYWORD ≫ 促發效應

人會被剛發生的事所影響

事前所見所聞的事物等會對其後的判斷和行動造成影響，這稱之為「促發效應」。其詞源是英語的prime，作為動詞使用有「事前指導」的意思。即**先接收到的刺激會留在記憶中，下意識地影響了之後的行動**。當我們在超市的食品販賣區看到煎得滋滋作響的香腸並聞到味道，便會想要試吃對吧？這也是由於促發效應所致。其他像是在播放快節奏背景音樂的店裡，客人的移動速度會變快，反之如果是緩慢的樂曲，移動速度則會變慢等，促發效應具有多樣的影響力。

受剛接收到的刺激影響

引起促發效應的原因不一而足，如眼睛看到的資訊、氣味、聲音等。種種研究已經證實，人經由感官接收到的刺激具有這樣的效果。

實驗① **讓受試者吃餅乾**

A. 房間裡有淡淡的清潔劑香味　（打掃……）

B. 沒有味道的房間

➡ **A組的人把餅乾屑清掃完後才離開**

※荷蘭心理學家漢克·阿特斯（Henk Aarts）等人所做的實驗

實驗② **在體力勞動之前**

A. 讓受試者看到運動飲料　（咬牙撐下去！）

B. 沒讓受試者看到

➡ **A組的人忍耐力較強**

※美國心理學家朗恩·傅利曼（Ron Friedman）所做的實驗

實驗③ **讀過想像老年人的文章後走路**

➡ **走路變慢**

※美國心理學家約翰·巴吉（John Bargh）所做的實驗

⬇

受剛接收到的刺激影響

施加於目標的刺激

當人接收到刺激時，便會不自覺地想要一些東西。這時的刺激叫做「primer（引子）」。受到該刺激影響而發生變化的事物就是「目標」。

促發效應

若能利用促發效應給予良好的刺激，就能在不讓人意識到的情況下誘發人的行動。

刺激的種類五花八門

想要賣產品的企業等，有時會利用這種效應來推銷他們的產品。直接訴諸產品本身，或是在顧客沒有意識到的情況下在其心裡留下印記。

● 直接式

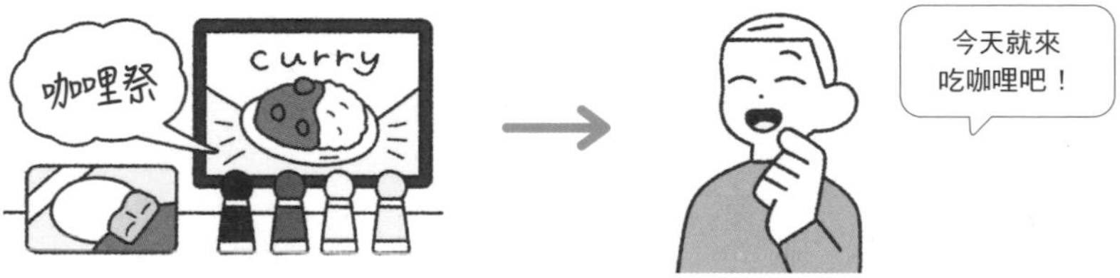

超市的陳列展示

● 間接式

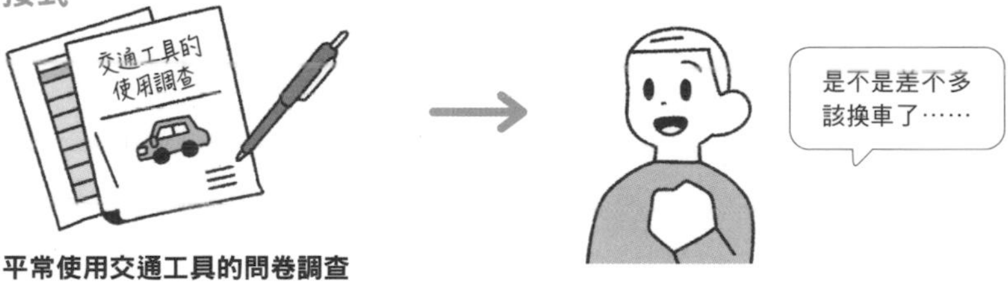

平常使用交通工具的問卷調查

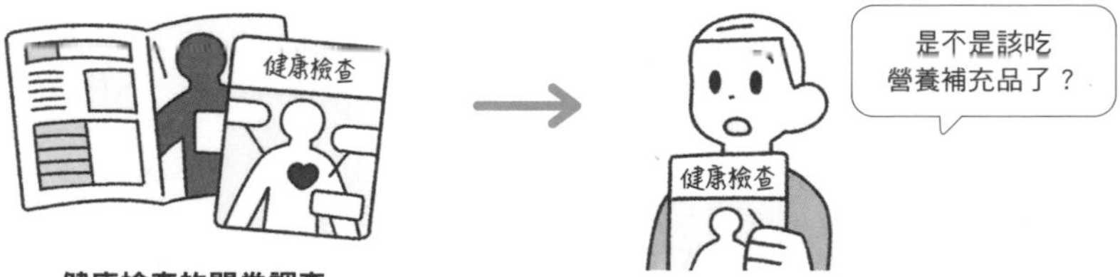

健康檢查的問卷調查

08

如何選擇是會被誘導的

KEYWORD » 誘餌效應

真的是自己選擇的嗎？

人在做選擇時，會強烈受到選項的數量和內容所影響。比方說，在有2個選項的情況下，人有時會因為第三個選項（誘餌）出現，而做出有異於只有2個選項時的判斷。這時就是「誘餌效應」在起作用。即加入內容與2個選項大同小異，但明顯較差的選項當作「誘餌」。這時第三個選項會扭曲人的判斷，使得原來2個選項的其中一方看起來更加吸引人。企業若能巧妙利用這種「誘餌效應」，也有可能誘導消費者的選擇。

選擇定期訂閱財經週刊的實驗

美國行為經濟學家丹·艾瑞利做過一項實驗如下。雜誌訂閱有線上版和實體版2種選擇，在A「便宜的線上版」和C「較貴的併用版」2個選項之間，置入B「較貴但只有實體版」的選項。

誘餌效應

第一次實驗　**提示3種雜誌訂閱方案（A、B、C），讓消費者選擇最吸引人的方案**

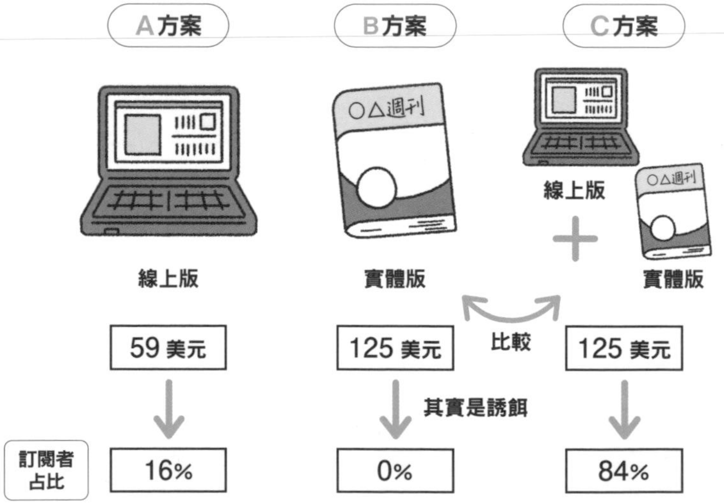

因為有明顯較遜色的B方案，使得用同樣價格可以讀到線上版和實體版的C方案看起來比實際更好。

第二次實驗 **提示 2 種雜誌訂閱方案（A、C），讓消費者選擇比較吸引人的方案**

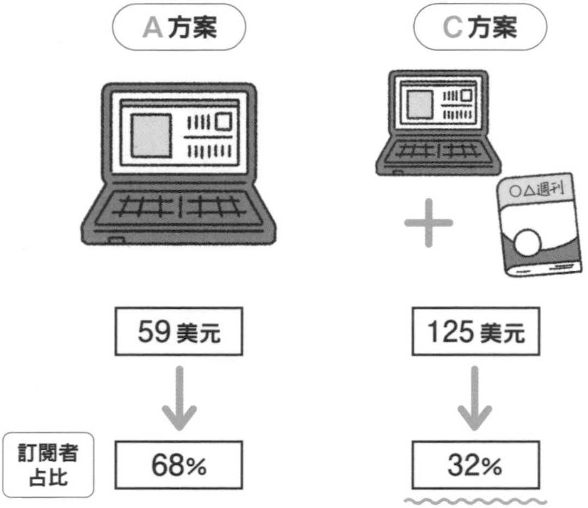

第一次 →	B 提高了 C 的魅力
第二次 →	比較 A 與 C，選擇 A 方案的人增多

一開始沒有誘餌的情況

如果只有 A「便宜的線上版」和 C「較貴的併用版」這 2 種選項，沒有 B 這個「誘餌」的話，比較價格和內容後，選擇便宜不少且內容沒有太遜色的 A 方案的人就會增加。

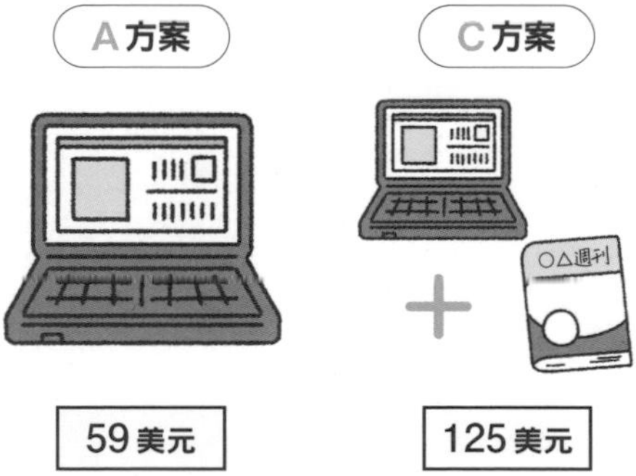

09

KEYWORD » 確定性效應

為什麼明明免費卻有利可圖？

免費是籠絡人心的有力策略

我在第58頁的「機率加權函數」中曾講解過，「實際發生機率」和「感覺會發生的機率」存在落差。在實際機率接近0％或是100％的情況下，落差尤其大。人會**特別重視0和100，對0和100相當敏感**。企業有時候會運用這種心理。起初明明免費，不知不覺卻要付費才能夠取得商品，相信有這種經驗的人不在少數。免費（＝0元）具有非常強大的吸引力。只要透過廣告宣傳就能夠讓多數消費者「試用」，從而成為「潛在顧客」。這就是「確定性效應」。

人最愛「免費」

美國行為經濟學家丹．艾瑞利做過這樣的實驗。高級巧克力以定價15美分、平價巧克力以定價1美分販售，這時大多數人都選擇高級巧克力。不料，下一次改成定價14美分和免費時，人氣竟然反轉過來。

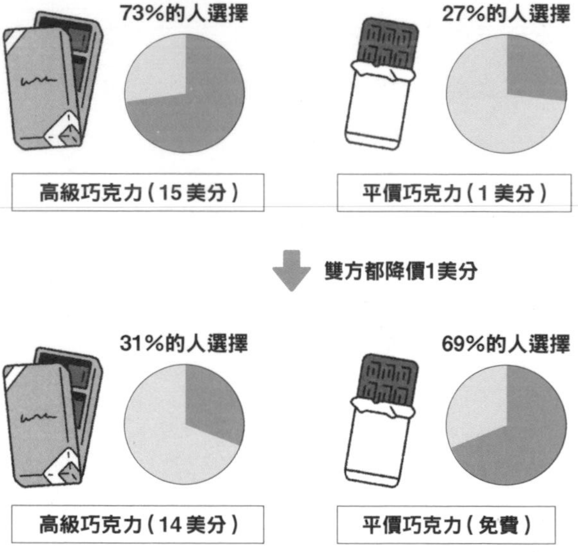

73%的人選擇
高級巧克力（15美分）
27%的人選擇
平價巧克力（1美分）
雙方都降價1美分
31%的人選擇
高級巧克力（14美分）
69%的人選擇
平價巧克力（免費）

兩者明明都降價1美分。

降價金額相同，人氣卻反轉過來的原因在於平價巧克力變成0美元，即免費。

靠免費試用組盈利的原因

人會對「免費」有強烈的反應。心裡的門檻會一下子降低，覺得「既然免費的話……」。於是便自投羅網，成為企業的「潛在顧客名單」。

消費者方

試吃看看免費的營養補充品
試吃的營養補充品好像快沒了
訂購一年份

因為免費而開始吃的營養補充品如果是優質商品，或養成服用的習慣，就會想繼續吃下去。因為免費才開始吃，但不知不覺就變成花錢購買。

企業方

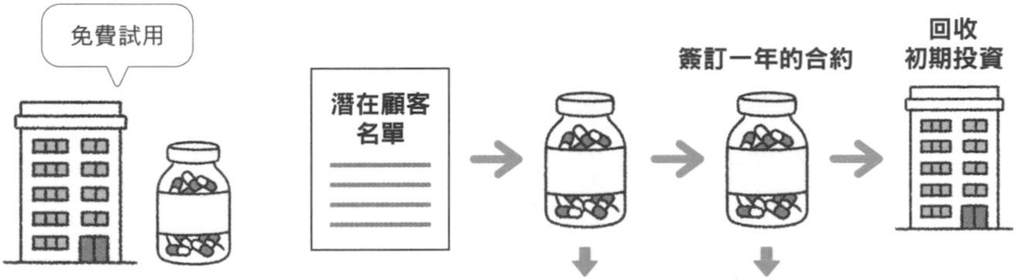
初期投資導致虧損
公司獲得顧客
產生利潤

如果能獲得長期購買的顧客，就能回收一開始免費試用的費用，進而產生利潤。

不當冤大頭

別因為追求免費而吃虧

當我們環顧日常生活時，便會發現許多可免費利用的商品和服務，如手機的社群網路遊戲、電腦軟體等。這些之所以能成立是有原因的。舉例來說，只有基本服務免費，功能升級則需付費，這樣企業才有利潤。另外，也有案例是靠一部分用戶支付費用來供應服務整體的營運，而多數用戶可以免費利用。

這些都是所謂的「免費增值」機制，但不論如何，企業提供的東西都是有目的的。

10

KEYWORD » 蔡格尼效應

為什麼「詳情請見網站」會讓人在意？

話只說一半　實在讓人很在意

當電視節目接近尾聲，主持人說：「我們先進一段廣告！」時，有些人會不轉台一直等著。另外，全部共10集的漫畫，要是看到第9集才發覺少了第10集，應該會忍不住想趕快看到第10集吧。**比起已經達成的事情，人對於未能達成和中斷的事情往往記得更清楚。**未完成的動作會留在大腦裡揮之不去，因而產生必須把它完成的心理。在完成之前，大腦的緊繃狀態會一直持續，想要完成的欲望也不會消失。這種心理稱之為「蔡格尼效應」。

以「後續請見網站」引誘人註冊成為會員

聽到電視廣告最後說「後續請見網站」而造訪網站，也是受到「蔡格尼效應」的影響。電視廣告的資訊不完整，所以會想知道全部。

蔡格尼效應

後續請見網站

一連上網站

會員註冊
姓名
地址
電話號碼

便是會員註冊畫面

蔡格尼效應
與網路
也滿搭的呢！

企業單純靠打廣告要將人導到網站並不容易，但如果挑動人想知道結果的欲望，就能促使人造訪網站。

不在一次活動中提供所有資訊

演講等活動，如果參加一次就能知道所有內容，第二次就不會想參加了。藉由內容的編排，可以讓人持續保有興致。

今天到此為止。想知道後續的朋友，之後也請繼續報名參加。

咦!?好想知道～

所有演講都參加，全部聽完之後會感到很痛快。

蔡格尼效應促使我下一次繼續參加。

地方觀光也要留一手

以振興地方為目標時，針對觀光客預告下個季節的慶典活動很有效。相信那些想飽覽一切的觀光客會再次造訪。

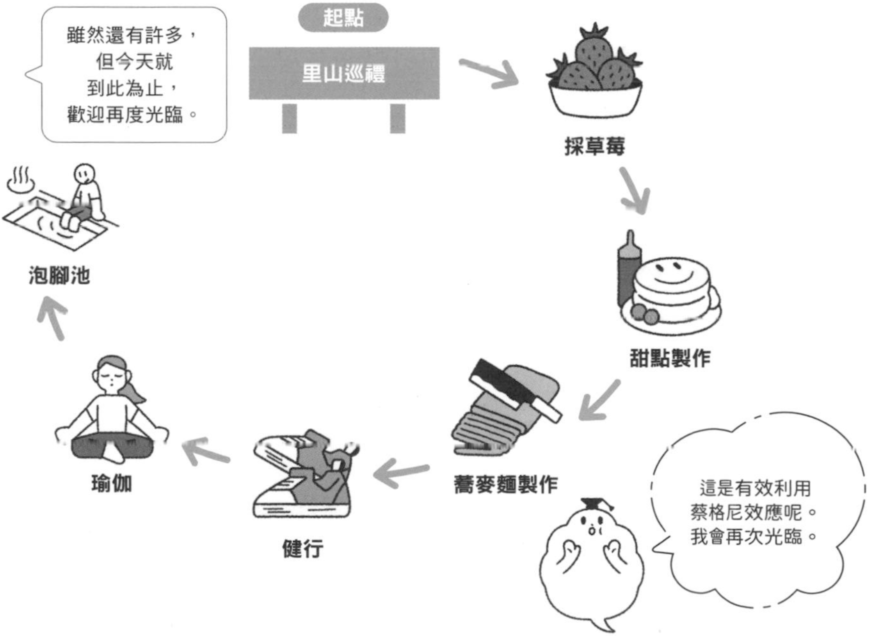
雖然還有許多，但今天就到此為止，歡迎再度光臨。
起點
里山巡禮
採草莓
甜點製作
蕎麥麵製作
健行
瑜伽
泡腳池
這是有效利用蔡格尼效應呢。我會再次光臨。

11

KEYWORD » 人為推進效應

當事情有點進展就會讓人產生幹勁！

感到有在前進就能夠堅持下去

在馬拉松等比賽當中，人只要愈接近終點就會愈想要咬牙撐下去。**當人感覺到自己正在往終點邁進的時候，就會想要繼續前進。**這種心理稱為「人為推進效應」。Endowed是「被賦予」，Progress是「進步」的意思。**如果一開始取得進展，就能激起人想要達成目標的意志。**在某項實驗中比較「要集8點的集點卡」和「要集10點，但已蓋2個章的集點卡」，哪一邊完成的人數比較多。結果後者超過前者。即使應該蓋的章一樣多，但一開始已經蓋了章的卡會提高人的動力。

當人感到正在前進，便會想更進一步

只要感覺有在前進，即使只是一點點，人的動力就會提升。「人為推進效應」已被運用在各種場面。

人爲推進效應

想開始集點時，如果已經蓋了印花，哪怕只有一個，也會更想要繼續收集印花。

像這樣開始收集印花時，「損失規避」的心理也會發揮作用，不想浪費已經收集到的部分，因而進一步增強收集的欲望。

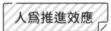

一旦開始做就會產生幹勁

持續學習是一件困難的事。另外，在網站上填寫申請表很麻煩，有些人填寫到一半就會放棄。知道目前已經有所進展很重要，即使只有一點點。

● 學習App顯示進度的進度列

即便是最初的階段，只要看到量表之後，感覺到已經在進行中，就會比較積極地想要進入下一個階段。

● 網路註冊的基本資料已填寫到一定程度

電商網站的註冊頁面等，如果之前填寫過的基本資料欄位不用再填一次，填到一半就登出網站的人便會減少。

一旦訴諸風險，人就會有所行動

人在持續虧損的狀態下會放手一搏

請各位想像一下自己在賽馬場待一整天，然後來到最後一場賽事。假使本錢順利增加就能保持冷靜，避免孤注一擲。然而，如果是在輸多贏少的狀況下來到最後一場賽事，就有可能押注在大冷門上，只要押對寶，所有損失便能一筆勾銷。**人處於虧損狀態時無法冷靜，為了扳回局面會冒險賭一把。反之，人處於獲利的情況下則會規避風險，過度追求安全。**像這樣因為當前的情況是盈是虧，而導致下一步的行動完全相反，就是所謂的「反轉效應」。尤其是發生在最後一場賭局的「反轉效應」，被稱為「最後一場比賽效應」。

你家廚房的菜瓜布沒問題嗎？

讓目標消費者感覺自己好像一直在吃虧。這是廠商在銷售商品時，運用「反轉效應」的典型手法。

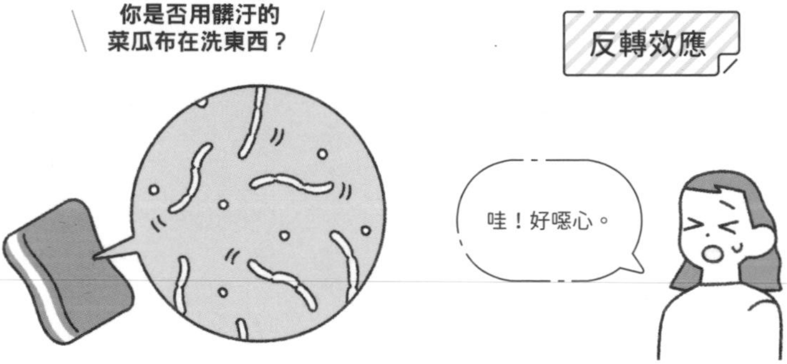
你是否用髒汙的菜瓜布在洗東西？
反轉效應
哇！好噁心。

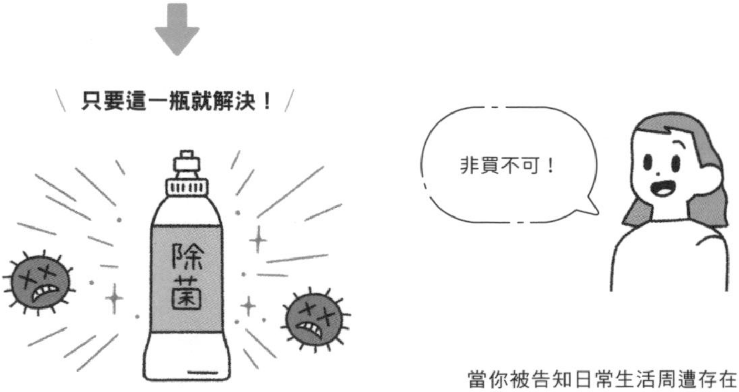
只要這一瓶就解決！
除菌
非買不可！

當你被告知日常生活周遭存在細菌、很危險時，就會認為應該買一罐能對抗它的除菌劑，「雖然不知道效果如何」。

迫使人選擇有風險的一方的反轉效應

行為經濟學家丹尼爾·康納曼為了驗證「反轉效應」做過一項實驗，看處在虛構的傳染病大流行的情況下，人會如何做決定。

問題① 某種疾病突然流行，一般預測如果置之不理，將有600人死於這種疾病。對此可採取2種措施

- 措施A 可挽救200人性命
- 措施B $\frac{1}{3}$的機率有600人得救，$\frac{2}{3}$的機率無人得救

➡ 72%的人選擇A

問題② 對付同樣疾病的措施

- 措施C 400人死亡
- 措施D $\frac{1}{3}$的機率沒有半人死亡，$\frac{2}{3}$的機率會死600人

➡ 78%的人選擇D

措施A 和 措施C …200人存活、400人死亡

措施B 和 措施D …$\frac{1}{3}$的機率全員存活、$\frac{2}{3}$的機率全員死亡

結論 在問題①「有可能挽救200人性命」的情況下，迴避風險採取措施A；在問題②「有可能死400人」的情況下，賭它的可能性而選擇措施D。

不當冤大頭

「給上週吃魚不到3次的人」的策略

在上述傳染病的實驗中，措施A和C、措施B和D的意義相同。儘管如此，但是在問題①中人會迴避風險，在問題②中卻選擇冒險，採取完全相反的作為。這種不理性就是受到「反轉效應」的影響。運用這種心理的促銷實例之一，就是如同右頁讓消費者知道「日常生活周遭存在細菌」。這樣的模式也被運用在其他地方。某健康食品的廣告宣傳標語中有一句是「給上週吃魚不到3次的人」。目的是要讓人相信「吃魚的次數少的話，有可能會損害健康」。就是利用這種效應誘導人做出決定，購買成效不明的健康食品。

13

為什麼有些人喜歡買「保險」？

KEYWORD ≫ 保險迷思

不知為何就投保的心理機制

一般認為日本人、台灣人和香港人很愛買保險。**在歐美，多數人都會想靠積蓄來應付緊急情況。**而在台港，一般人習慣在結婚、有了小孩的時候購買保險。既然買了保險，自然必須定期支付保險費，可以說確定會有一筆「損失」。不過在考慮是否購買保險之際，我們不會去思考實際上「發生意外、受傷」等機率或許很低，而是**基於「緊急情況」這類籠統的概念買保險**。像這樣看到是「保險」就購買的傾向，稱為「保險迷思」。

聽到是保險便不由得投保

以下2個問題其實是同樣的意思。A：利用保險修理故障的電腦；B：不投保，電腦會不會壞碰運氣。「保險」一詞是關鍵。

問題①

電腦有1%的機率會故障，只要付200元的保險費，任何情況都能免費修理

A. 投保

B. 不投保

2萬元

問題②

你會選擇哪一個？

A. 100%會損失200元

B. 有1%的機率會損失2萬元，但99%的機率沒有任何損失

保險迷思

問題① 多數人回答「投保」

問題② 選擇B的人居多

結論

在問題①中，聽到「保險」兩字，立刻不在乎會損失200元而選擇A。但像問題②那樣只說「損失」的話，就會想規避它。

「機率加權函數」也證明了保險的「魅力」

根據「機率加權函數」的原理，損失的可能性為0%會給人留下非常深刻的印象。換句話說，假設透過「保險」理賠可以讓損失降為0，人就會覺得很有吸引力。

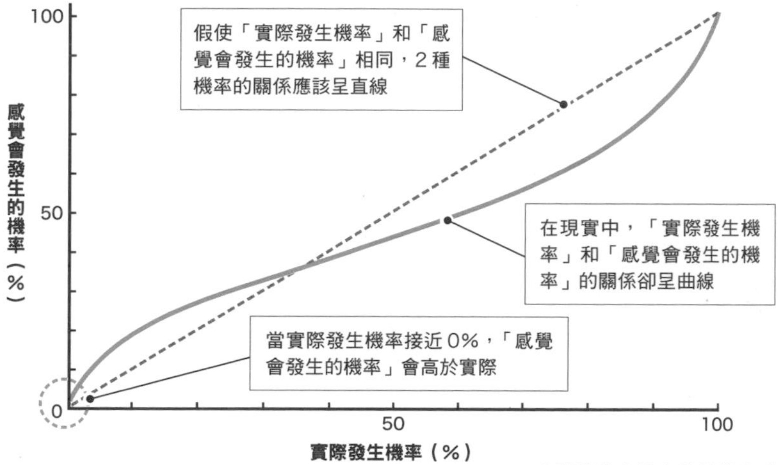

實際發生意外事故的機率雖然極低，但是並非0%。人會試圖利用保險讓損失降為0%而投保。

● 投保的判斷依據是？

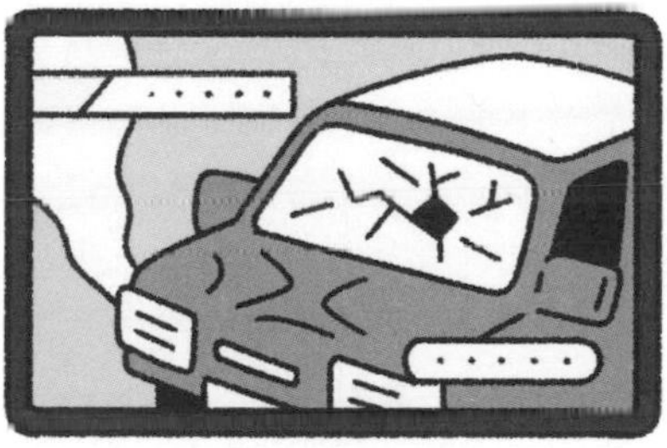

深信發生機率很高

看到別人發生車禍的慘狀等強化了印象，加上可得性捷思發揮作用，因而試圖透過投保獲得安心。

14

KEYWORD ≫ 確認偏誤

電視廣告是為已購買商品的人存在

希望別人能夠支持自己的心情

任何人都會不自覺地認為自己的行為是理性的，試圖自我正當化。一旦確定了自己的看法，便只會收集能支持自己看法的資訊，而忽視與自己看法相左的資訊。也就是**強化自己行為的正當性**。這種心理偏誤稱之為「確認偏誤」。現代這個資訊社會到處充斥著資訊，要進行取捨相當困難。特別是當你想購買某樣東西時，商品種類繁多，相關資訊量又大。雖然很難仔細篩選所有資訊，但為免買錯商品，不帶偏見地檢視資訊很重要。

讓已買了那樣商品的人覺得放心的電視廣告

廣告的用意是要讓購買商品的人增加。然而已經購買那樣商品的人，有時看廣告是想確認自己的決定是正確的。

確認偏誤
油耗少！
外觀很酷！
我精挑細選的車，果然又酷又拉風！省油又環保，買得好！
畢竟付了那麼多錢，總是希望能夠買得安心對吧？

廣告中淨是那樣商品的優點。充滿支持購買決定的資訊，所以看了就能放心。

只想聽支持自己購買行為的意見

「確認偏誤」的根本原因在於堅信自己的想法正確無誤。戴著有色眼鏡看事情，無視自己出錯的可能性，因而做出錯誤的判斷。

有色眼鏡

喜歡　很酷　真好吃　超棒　高級感　很有效　非常適合我　很好用

- □ 尋找自己所買物品的優點
- □ 堅持自己的想法和信念
- □ 只收集正面資訊

當人不自覺地忽視正確資訊，便永遠不可能做出正確的判斷，而會陷入重蹈覆轍的無限循環。

想了解更多

一般人很難接受反對意見

「確認偏誤」會導致人堅持己見，而現代存在進一步助長這種心理偏誤的環境。這是受到網路資訊的影響。當我們在新聞網站上瀏覽了許多類似資訊，就會變成只顯示同類資訊。這是網站經營者為了讓人長時間閱覽所採取的一種名為「個人化」的手段。結果可能導致我們在不知不覺中只接觸到與自己想法相符的資訊。而且「確認偏誤」還可能促使人認為自己的喜好和關心的事物對這個世界也很重要。為了從廣泛的角度收集資訊，做出正確的判斷，我們在關注心理偏誤的同時，也應當考慮到資訊來源。

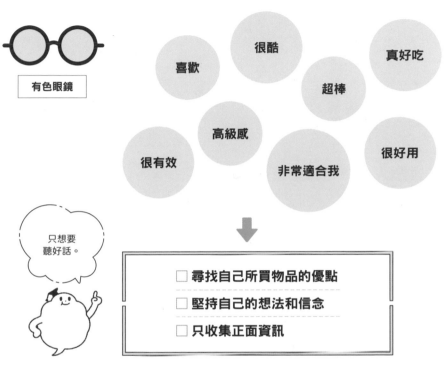

15

KEYWORD ≫ 巴納姆效應

用廣告詞引起注意，讓人覺得自己就是那樣

用能引起共鳴的表達方式，讓人覺得「那正是我」

一般認為日本人很喜歡用血型分析人的性格、契合度等。血型算命在世界上並非主流，同時被認為沒有科學根據。不過，它在日本廣泛為人採信的一個原因是，很多人都同意「A型人一絲不苟」之類的說法。現實中並不是只有A型人一絲不苟，每個人或多或少都擁有這樣的一面，可是一旦有人如此斷言，便很難表示反對。**人往往會將任何人都適用的、模稜兩可且一般性的性格和特徵等套用在自己身上，並如此看待自己**。這種心理被稱之為「巴納姆效應」。

挑動人「想吃卻又想瘦下來」的心情

「巴納姆效應」也被運用在廣告上。就是用廣告詞來號召消費者，讓他們相信那是專為自己設計的商品。仔細想一想便會發現，它其實適用於許多人。

巴納姆效應

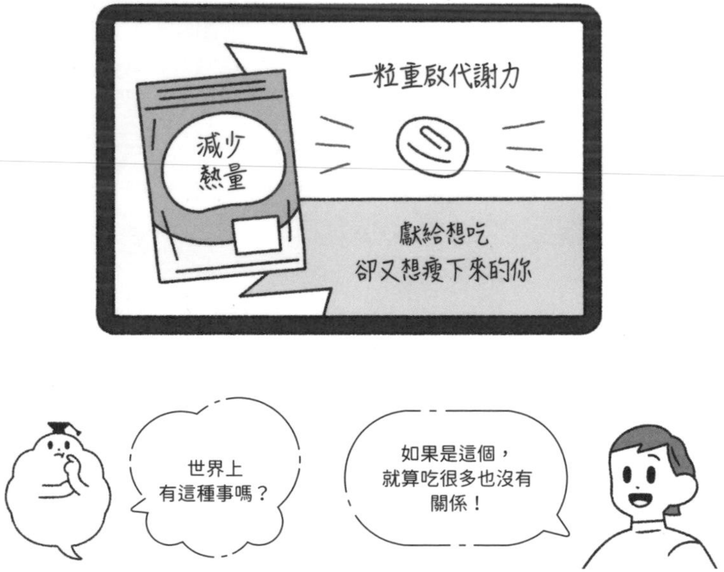
減少
熱量
一粒重啟代謝力
獻給想吃
卻又想瘦下來的你
世界上
有這種事嗎？
如果是這個，
就算吃很多也沒有
關係！

這個世界上有許多「想吃卻又想瘦下來的人」，一旦廣告詞這樣寫，消費者就會覺得「這符合我的狀況」，因而認為「它是專為我設計的商品」。

讓人覺得大家感受到的不安「正是我的不安」

平日隱隱感受到的不安一旦被擺在眼前，便會讓人想到「我就是那樣！」進而引發消費行為。

當多數人感受到的不安和自己的不安一致時，就會變得特別感興趣。

有權威做後盾、支持，就會增添信任感

那些讓人覺得適合自己的話，如果是從具有權威的人口中說出，就會被認為特別值得信賴。「巴納姆效應」一旦結合權威，便會更加有效。銷售的商品如果是知名品牌，也會構成權威。

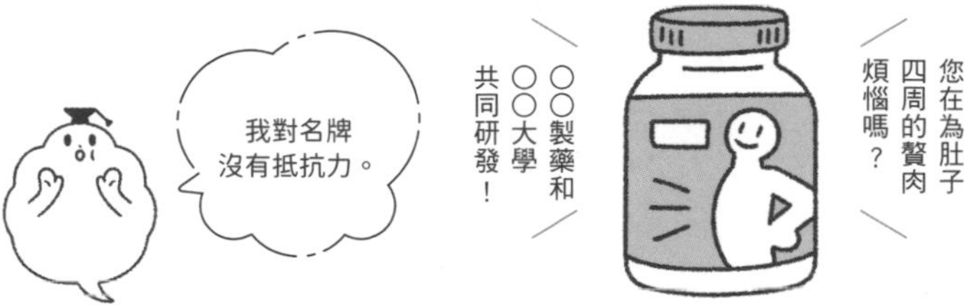

即使是廣告也會起用一些名人、知名大學或研究機構等，讓人們覺得「符合自己情況」的內容好像很有道理。

不當冤大頭

別因為「我就是那樣！」而上鉤

為了讓人相信，算命時會使用一些說話技巧。比方說，性格診斷會這樣描述「你平時善於社交，但也認為獨處的時間很重要」、「你很務實，同時也有浪漫的一面」。這些描述看似有理，但個個都包含了完全相反的兩面。它永遠會設計成讓聽到的人覺得很準。說話技巧同樣被用在運用了「巴納姆效應」的廣告中。多半為提出廣泛、一般性的煩惱吸引人注意，讓人覺得正好適合自己。即使因為廣告而注意到商品，但該不該購買還是應該依商品的內容來判斷。

16

想湊齊同一品牌的家電和家具

KEYWORD » 狄德羅效應

對於喜歡的東西會想擁有全套

「IKEA」是發祥自瑞典的世界最大家具量販店，在其寬敞的店鋪裡，北歐風的家具和雜貨擺滿整個樓層，營造出風格一致的感覺。如果在那裡買了一張自己中意的沙發，就會產生希望窗簾和餐桌也擁有同樣風格的心情。**人有一種心理，在得到以往所沒有的事物，如理想且價值新穎的人、事、物或環境時，便會試圖配合它來統一相關的事物。**這就叫做「狄德羅效應」。舉例來說，「果粉」購買iPhone、MacBook等同品牌產品的行為，就是典型的例子。

人對於品牌化的物品會想要收集

當人買了一件自己中意的產品，就會想讓自己擁有的物品都是同一個品牌。還有人把喜歡的品牌看作一種自我風格的展現。

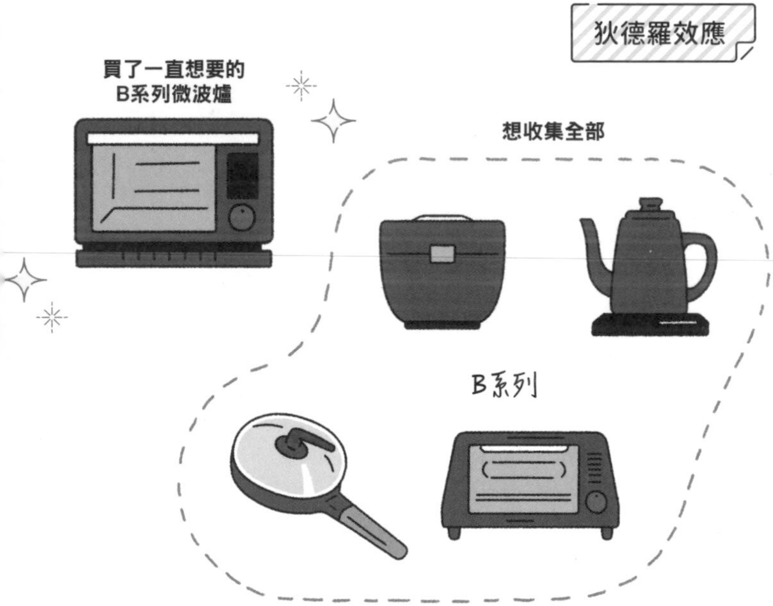
狄德羅效應
買了一直想要的
B系列微波爐
想收集全部
B系列

建立品牌
並開發多種產品
也是一種策略。

企業要建立品牌獨特的世界觀和形象，吸引人成為忠實愛用者。過程雖然辛苦，但只要品牌建立起來就能確實獲利。

想收集系列產品的心理

系列公仔、零食附贈的卡片，一旦開始收集就會想全部湊齊。有時甚至是因為想要贈品而買零食。

系列公仔

還有想要湊齊系列公仔的案例。有了想收藏的欲望後，新產品一推出就會自動購買，而不會考慮自己當時的狀況。

附贈的卡片

收集零食等附贈的卡片會產生滿足感

玩卡牌遊戲時會想要收集全部很強的卡片和限量卡片

不當冤大頭

不要輕易上了狄德羅效應的當

企業方應該十分歡迎影響消費者心理的「狄德羅效應」吧。如果消費者繼續購買同一系列或同品牌的產品，就有可能提高每位顧客的平均消費金額，並爭取到回頭客。因此第一次的購買很重要，企業會進行各種促銷，例如首次限定折扣、發送試用品、免費試用期等。反之，消費者應當注意，不要在被誘導的狀態下繼續購買。首先，消費者本身要意識到「狄德羅效應」可能會對自己產生作用。如果還是想繼續購買，那就問問自己是否優先考慮收集而非利用？花費這樣的成本好嗎？

17

迷上網路拍賣

KEYWORD ≫ 稟賦效應　避免後悔

可以感受到各式各樣的情緒

在購買價格上競逐，出價最高的人才能買到商品的拍賣始於西元前500年。當時是少數人參加的活動，現在拜網路拍賣之賜，任何人都能參與。從絕版的CD、書籍，到名牌服飾和稀有的雜貨，五花八門的商品全都在平台上進行交易。參與交易並搶標得手的人，心理會受到各種偏誤影響。其中之一就是**「稟賦效應」，一旦成為自己的所有物就會高估它的價值。另外還會受到「避免後悔」的心理影響，試圖避免將來可能產生損失的情況。**這樣的交易偶爾也會失敗。

網路拍賣可體驗到各種情緒

網路拍賣有機會買到實體店鋪和網路購物平台所沒有的商品。此外，還能體驗到投標金額飆高時的焦急、得標後的興高采烈等各種情緒。

① 發現商品 ➡ 出於「避免後悔」的心理而想盡早買下來

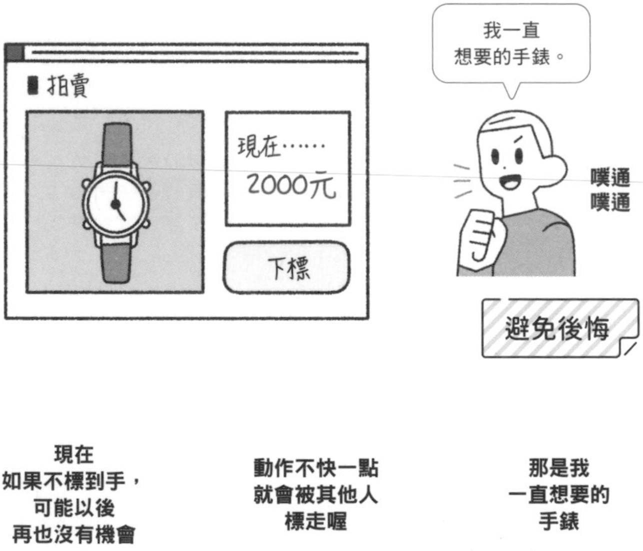
拍賣
現在……
2000元
下標
我一直想要的手錶。
噗通噗通
避免後悔
現在如果不標到手，可能以後再也沒有機會
動作不快一點就會被其他人標走喔
那是我一直想要的手錶

熱門商品會有很多人競標。如果沒買到會有一種遺憾的心情，覺得「以後可能再也買不到了」。換句話說，在「避免後悔」的心理作用下，即使再貴也要得標。

② 看了下標名單後下標 ➡ 因為「稟賦效應」而變得捨不得放棄

ASA拍賣	「90年製稀有手錶」
王小明	2100元
李大同	2000元
張大君	1800元
⋮	⋮

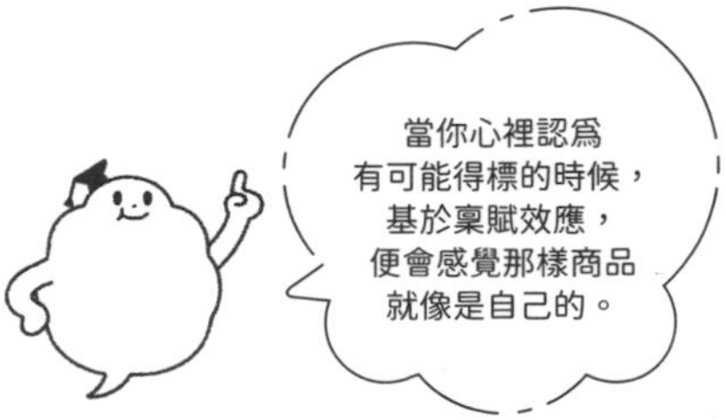

③ 得標 ➡ 因為「稟賦效應」而感到心滿意足

恭喜你得標了！

「稟賦效應」起作用，
使競標物看起來比實際價格更有價值

以過高金額得標的當下，心情是複雜的，但實際收到商品時就拋到腦後了。

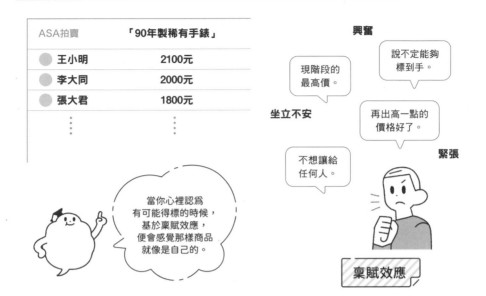

18

為什麼會覺得點數回饋很划算？

KEYWORD ≫ 錨定效應　峰終效應　稟賦效應

「折扣」vs.「點數」
從行為經濟學的角度思考

如果被人問到「10％折扣」和「10％點數回饋」何者比較划算，也許有人會回答：兩者同樣都是10％，所以得到的利益是一樣的。然而正如下圖所示，實際上**「折扣」比「點數回饋」還要划算**。但儘管如此，似乎很多人都喜歡累積點數。

甚至還有人期待有一天會用到這些點數，但卻始終沒用而繼續累積。「點數回饋」不但被認為得到的利益超過實際，還具有擄獲消費者的吸引力。之所以會做出這種非理性的判斷，原因就是存在於消費者潛意識中的心理偏誤。

「10%折扣」和「10%點數回饋」哪個划算？

「10%」這個數字會成為一個「錨」留在記憶中，而不是折扣和點數回饋的差異。結果就是認為「10%折扣」和「10%點數回饋」同樣划算。

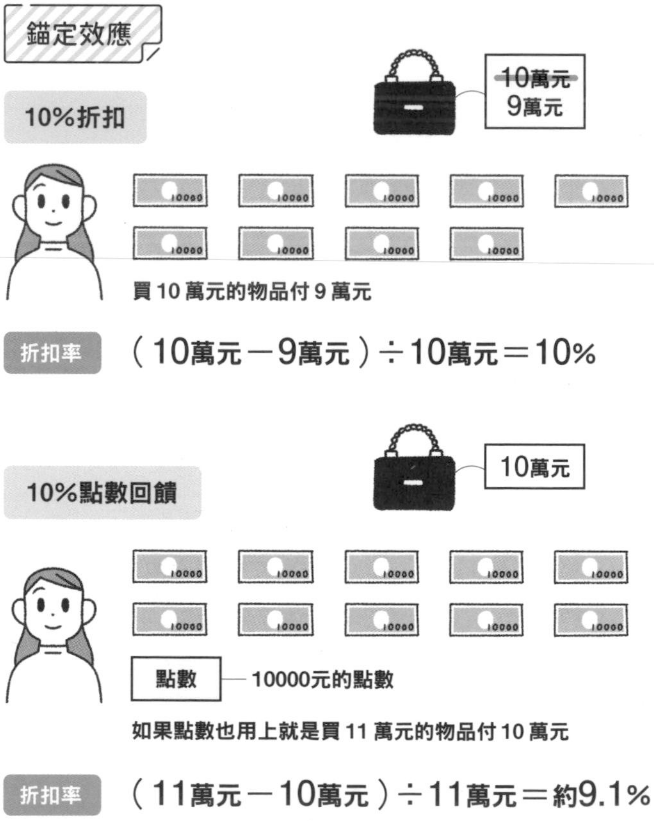

● 每10萬元的點數回饋率個別的總額折扣率

點數回饋率	總額折扣率
5%	約 4.8%
10%	約 9.1%
15%	約 13%
20%	約 16.7%

例

① **點數回饋和折扣不到 20%時的比較**

➡ **點數回饋比較划算**

② **點數回饋 15%和折扣 15%時的比較**

點數回饋 折扣率約 13%

折扣 折扣率 15%

➡ **折扣比較划算**

每次都要
看清楚哪一個
比較划算。

● 峰終效應和稟賦效應也有關聯

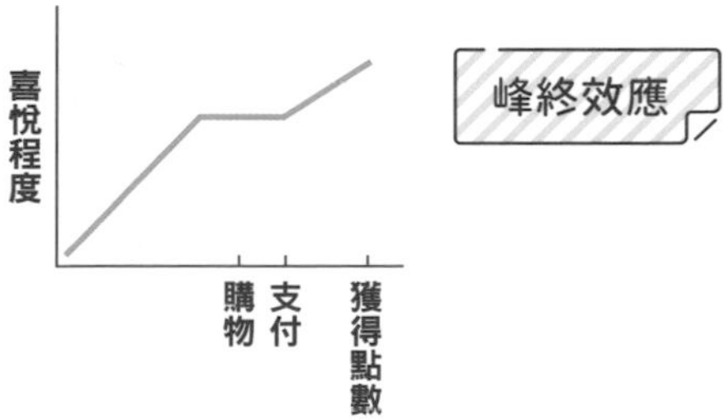
喜悅程度
購物
支付
獲得點數
峰終效應

點數等於擁有
10000元份的權利，
所以具有
「稟賦效應」。

「10%折扣」在交易完成後便結束，但「10%點數回饋」是支付交易金額後獲得點數。這會在最後給人留下良好的印象。

不當冤大頭

其實是為了賣家著想的點數回饋

「點數回饋」被認為是一種與顧客之間保持長久關係的機制。點數是以App應用程式的數據或是卡片等形式留在顧客手邊。顧客受到「稟賦效應」的影響會很重視點數。而且累積點數本身也成了一種樂趣。這是受到「偏好上升」的心理影響，即人喜歡隨著時間推移，滿足度會不斷上升的事物。反之點數用了便會減少，這意味著損失，此時「損失規避」的心理會產生作用。因此人就會在發行點數的商店繼續購買，形成「圈住顧客」的狀態。這對賣方來說是很方便好用的機制。

19

忍不住在電視購物頻道下訂

KEYWORD ≫ 光環效應　損失規避　框架效應　錨定效應

滿滿的巧思設計讓人想要訂購

在電視購物頻道下單訂購的人無法實際觸摸檢視產品，只能夠單憑螢幕上的介紹決定付錢購買。可以說，節目就是負責銷售的單位。購物台主持人會在節目中進行一連串無異於商業談判的行為，如介紹產品、展示價格、強調購買優惠等。這當中存在一些抓住顧客心理，促使人購買的操縱技巧。行為經濟學的理論也以各種形式融入其中。**利用「光環效應」操縱產品給人的印象；激起「損失規避」的心理，讓人避免因為沒買所帶來的損失；運用「框架效應」使購買產品看起來對消費者有利；利用「錨定效應」給人產品很便宜的印象。**

吸引觀眾的各式各樣的效應

電視購物頻道會在短短的節目中，讓觀眾對第一次看到的產品感興趣、想要擁有，甚至進入實際購買程序。使觀眾的心理出現種種變化。

產地直送
限時30分鐘
賠本出售
最低價！
這個價錢再加送一台！
進一步降價！
我要訂購。

電視購物會有效地結合各種手法喔！

對策　最好小心避免自己中計。

損失規避

還剩下15分鐘

當螢幕上顯示銷售時間快結束時，人會覺得之後就買不到了，認為錯過機會是種損失，因而購買。

光環效應

那個人說的話錯不了

由形象良好的藝人或名人介紹產品，受到其形象的影響，對產品本身的印象也會變好。

錨定效應

感覺便宜

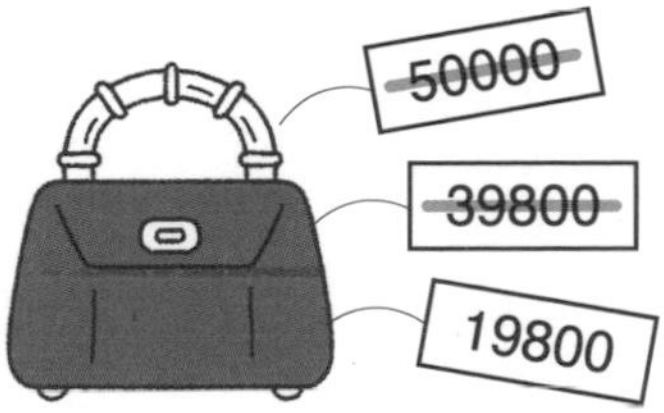

如果知道降價前的金額，那個數字就會留在記憶中，產生「錨定效應」，使降價後的金額看起來更加便宜。

框架效應

在特價促銷場面
經常聽到的宣傳詞

限定商品　產地直送

賠本出售　虧本大特賣

別只是不斷強調低價來強行推銷，如果消費者能以降價促銷的賣方視角看見賣方的用心和辛勞等，也會產生購買意願。

不當冤大頭

別因為「我就是那樣！」而上鉤

由於電視購物的成功與否會直接影響到銷售額，因此表現會受到嚴格的檢視。假使節目中的產品介紹得到好評，播出後不久就會接到訂購電話；要是評價不佳的話，什麼也不會發生。節目製作的良窳立即顯現。

電視購物的賣方都是認真的。因此買方如果不能抵擋誘惑，很可能會買到不需要的東西。為了避免這種事態發生，也需要了解會對自己的心理產生作用的偏誤。

橋本老師來解答

行為經濟學的

購物諮商室

Q 拒絕不了超市的試吃銷售，結果不小心買太多。

超市只要有試吃銷售便無法拒絕，總是忍不住會試吃。而且不買總覺得過意不去，沒辦法立刻轉身離去。結果每次都買太多，超出所需。有沒有方法能抵擋誘惑呢？

（30歲，男性，上班族）

A 試吃之後購買商品並不只是因為你人很好。人具有一種稱為「社會偏好」的傾向，也就是不僅在乎自己的利益，也會在乎他人的利益。其表現之一就是「互惠原則」。亦即當你從他人那裡得到報酬、好處時，就會覺得必須回報對方的心理。 我認為這種心理正是整個社會的潤滑劑。試吃之後購買商品並非全然是壞事。問題在於買太多而覺得「後悔」。購物是一件快樂的事，所以不要讓它導致自我厭惡。

⇨P.170

Q 被免入會費吸引，而加入了健身俱樂部。

住家附近的健身俱樂部在6月底前入會的話可免入會費，於是我就加入了。當了差不多半年的會員，不過因為很忙，一次都沒去過就退會了。白白浪費半年的會費。

（33歲，女性，上班族）

A 之所以會被期間限定的活動吸引，其中一個原因是「損失規避」的心理，把錯過這次機會看作一種損失。不過在這個案例中，「反轉效應」的心理可能也在背後推了一把。這種心理是，即使是相同的情境，當人被迫陷入消極、負面的情況（例如：如果……就會失去等）時便會孤注一擲，選擇押注在風險很高的選項。在入會之前，連自己也不清楚是否真的有毅力持續上健身房。在那個時間點陷入了「如果現在不決定就會錯失免入會費的機會」這種情況，才會選擇「加入」這個高風險的選項。

⇨P.20、P.76

Chapter

3

生活中的行為經濟學

人不只會在消費行為上採取不理性的舉動。讓我們根據行為經濟學的理論，逐步解析日常生活中不理性的行為吧。

KEYWORD » 解釋級別理論

為什麼會產生婚前憂鬱？

即使是同一件事，感受會隨時間推移而改變

儘管對象相同，但有時候人會根據與其心理距離的遠近，導致評價、重視的方式、選擇標準等出現差異。這種傾向可以透過「解釋級別理論」來解釋。**人對於心理上感覺遙遠的對象，會關注「較為抽象、本質性、特出的點」。相反的，對於心理上感覺很近的對象，則會關注「較為具體、表面性、類型上的點」。**心理距離包含時間上的距離，即多久之後的未來；空間上的距離，如地點和位置；以及社會上的距離，即關係的親疏。舉例來說，就是嘗試過時下流行的鄉村生活的人，後來返回城市的情況。想像與現實的差距是很難看清的。

眼前可見的景象會隨時間的距離遠近而異

解釋級別理論與森林看起來的樣子會因距離而改變的情況類似。從遠處看，可以看見整座森林。愈靠近就會變成「見樹不見林」的狀態。

解釋級別理論

就在眼前

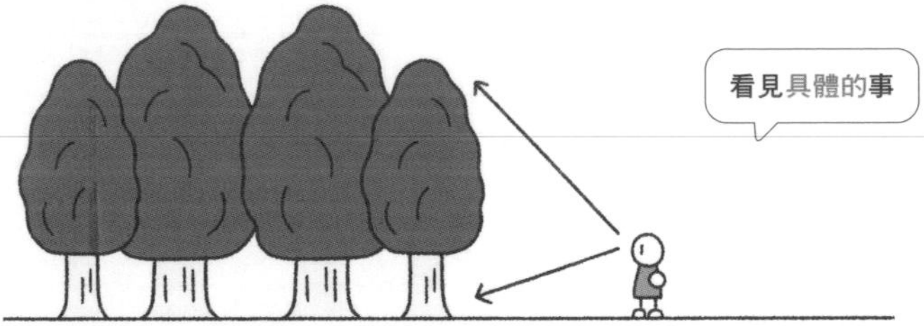

一年前

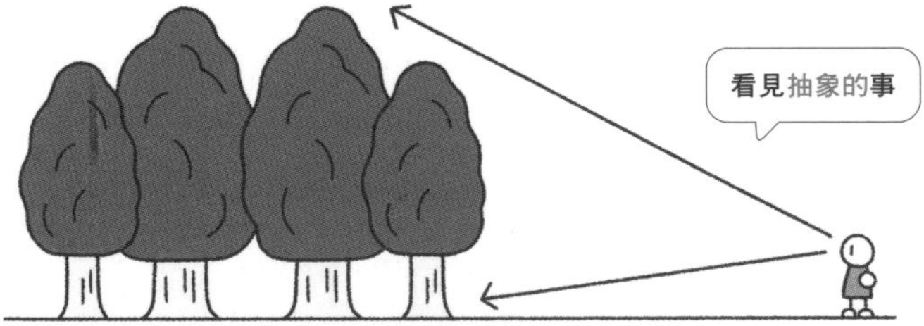

為什麼期待會變成不安？

婚禮在即，理當很幸福卻情緒低落，這就是「婚前憂鬱」。這是因為當原本很期待的婚期將近，便會開始看到現實，因而產生不安和猶豫。

● 要結婚時

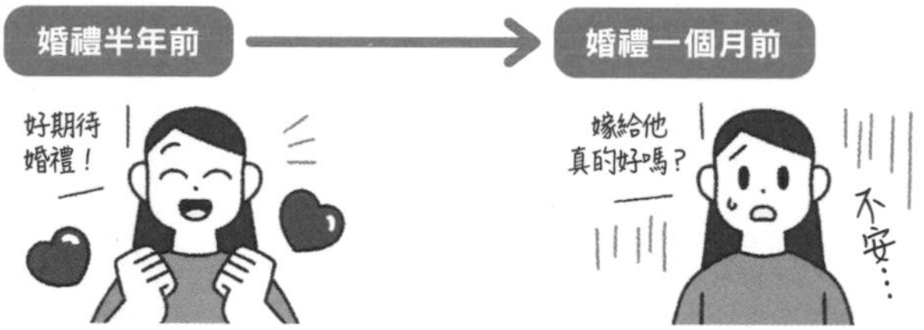

很遠（現實感薄弱）　　很近（現實逐漸靠近）

解釋級別理論一旦發揮作用，即使看著同樣的對象，但腦子裡想的全是眼前的狀況，無法看向包含未來在內的整體。

● 準備資格考

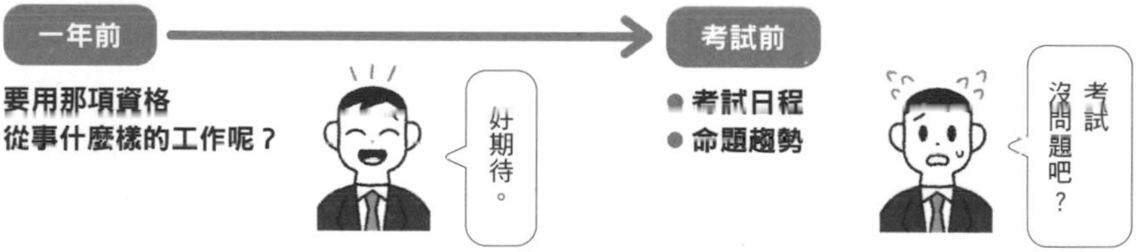

● 旅行

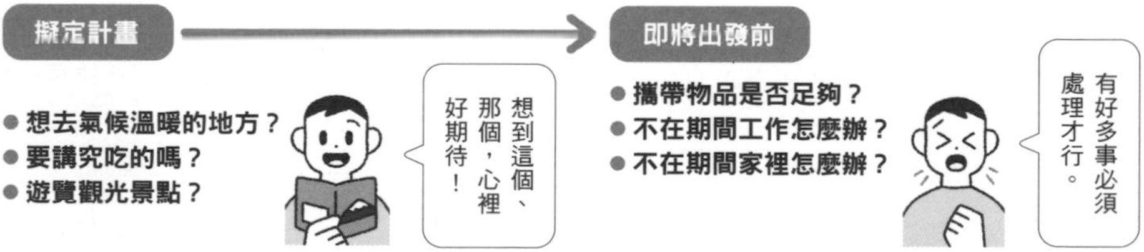

02

KEYWORD ≫ 認知失調

不承認失敗的態度會導致進一步損失

人的內心會將不如己意的事實加以曲解

假設有個人雖然在意健康，但就是戒不了菸。在想吸菸的欲望和有害健康的恐懼之間左右為難。像上述這樣自己的認知和現實互相矛盾的狀態，以及當下感受到的不愉快，稱之為「認知失調」。這種時候人會**藉由強行改變認知和行為，試圖逃避壓力**。無法戒菸的人會自我說服，像是「有一些吸菸的人也很健康」、「壓力可能會導致其他的疾病」等，藉此來「消除認知失調」。**其背後有著想要將自己的行為正當化的心理**。把損失、失敗、處置不當等當作不存在。

自我正當化，認為「我沒有錯」的心理

在《伊索寓言》的〈狐狸與葡萄〉中，狐狸處在想吃葡萄但吃不到葡萄的內在衝突狀態。這時狐狸的心裡便出現了「認知失調」。

認知失調
理想
想吃看起來很美味的葡萄
現實
即使跳起來也搆不到，吃不到
認知失調
搆不到，但又想吃
將不符合理想的現實正當化
那個葡萄一定很酸，不好吃

就是強行消除認知失調。

狐狸硬是認定自己實際不曾吃過的葡萄「很酸、沒辦法吃」，藉以擺脫內在衝突。最後成功「消除了認知失調」。

小小的自我正當化造成大損失

人都不希望自己的內在有矛盾，所以會想要「消除認知失調」。這樣並不能根本性地解決問題。容易重蹈覆轍。

某專案競賽

A公司

失敗

具體分析有何缺點，例如色彩太鮮豔等

B公司

失敗

找藉口，像是一開始就覺得不會有好結果

以藉口來消除認知失調

下一次競賽

A公司

成功

B公司

失敗

即使斷定、堅信失敗是「不可避免的」，也改變不了失敗的現實。

更詳細的解說

利用認知失調來改善行為

在購物過程中發生的「認知失調」，比方說，像是「出高價購買，卻買到不良商品」的狀況。因為無法承認自己花高價卻買到品質不良的商品，而深信「它那麼貴，肯定是優良商品」。即逃避內在衝突，將自己的行為正當化。不過，這種「認知失調」並非只有壞的一面。比方說，如果購物時有這種不愉快的感覺，就是對自己的舉動沒有信心的證據。這時最好再想一想是否應該購買。如果能自覺到內在的「認知失調」，也可以把它當作一種警鐘（警告）加以利用。

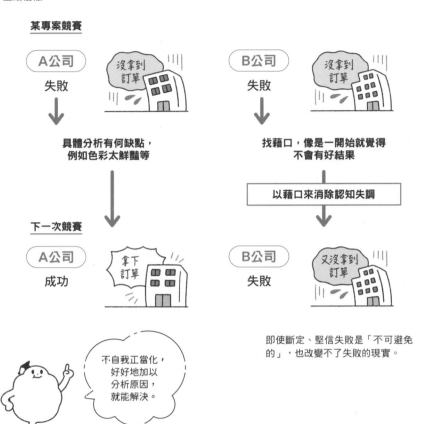

03

KEYWORD ≫ 代表性捷思

憑感覺判斷的答案不見得正確

只要冷靜思考就能明白卻憑感覺做判斷

夜晚在街上看到有人穿得一身黑的瞬間，我們有時會心想：「該不會是小偷吧？」事實上，那個人是小偷的機率很低，但是「小偷＝夜晚穿著不顯眼的服裝走在路上的人」的刻板印象影響了那個判斷。人**並非總是基於邏輯思考來進行判斷，有時則會僅憑與「可能存在的結果（刻板印象）」有多接近來下判斷**。這種心理稱之為「代表性捷思」。這種心理雖然能在很短的時間內找到答案，卻是容易流於短視或過於武斷的「捷思」之一。

依賴直覺、滿足於簡單的答案

人有時會被言語中一些突出的表達方式吸引，自動產生某種想像。一起來回答以下的問題。

● **請依直覺回答下列問題**

Q1

河裡有小孩溺水。
去救他的會是以下何者？

A. 身材高大壯碩的高中生

B. 高中生

↓

多數人回答A

A1 B

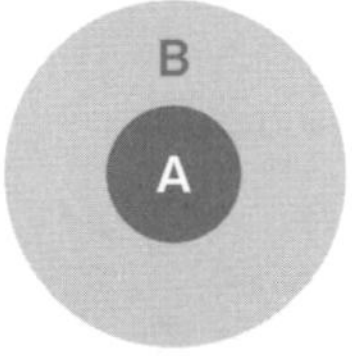

A是B的一部分，若以機率來看，B比較合理

冷靜想一想就會知道，A的機率不可能高過B。一旦過度關注「身材高大狀碩」的描述就會答錯。

● 請依直覺回答下列問題

Q2

**戴黑框眼鏡、熟知歷史、
善於歸納整理且一絲不苟的男性，
從事哪一種行業的可能性較高？**

A. 博物館館員

B. 製造商的業務員

↓

多數人回答A

A2 **B**

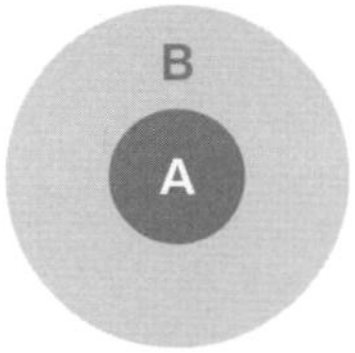

**當業務員的人
比博物館館員多很多**

這個社會上有許多從事製造商業務員的人，所以答案是B的機率比較高。不過一旦注意力被「歷史」、「善於歸納整理」奪走，腦袋就不會想到機率問題。

想了解更多

學歷濾鏡也是一種代表性捷思

世界上有許多事是用刻板印象來進行判斷的。企業招聘員工也不例外。有一種招聘應屆畢業生的手法叫做「學歷濾鏡」，即用大學的排名來篩選求職者，並優遇名校出身的大學畢業生。這是基於「排名前面的大學學生很優秀，進入公司後應該會有出色表現」的一般印象。雖然招聘的準確度會降低，但可以在短時間內得出結論，省時又省力。不過我們可以這麼認為，使用這種手法的企業，其心理是受到「代表性捷思」的影響。心理偏誤的影響甚至及於一些重要場面。

04

把規則也套用在小事上

KEYWORD » 小數法則　均值回歸

嘗試找出秩序，即便只是偶然

統計學裡有所謂的「大數法則」。意思就是**統計的樣本數愈多，誤差則會愈少**。舉例來說，擲銅板數百次，擲出正面的機率和反面的機率都會趨近於½。而仿造此法則構思出來的「小數法則」，便是**認為只要嘗試幾次就能得到和嘗試很多次時相同的結果**。若以擲銅板為例，就是連續5次擲出正面時，便認為下一次應該會擲出反面。在根據「可能的結果（刻板印象）」進行判斷這點上，「小數法則」被認為是一種「代表性捷思」。

自動高估機率的小數法則

我們有時可能會僅憑少量試驗的結果進行判斷，而忽視真正的機率。這個判斷可能包含了自己的期待和願望，但對現實視而不見是很危險的事。

小數法則

有機會獲得
再來一支的冰淇淋
連續2次中獎
↓
覺得很容易
中獎

玩猜拳遊戲
連贏3次
↓
覺得下一次
也會贏

擲10次銅板
有8次正面朝上
↓
以為自己是
擲銅板的天才

中與不中、
輸與贏、
正面和反面等，
其實機率都是
50%。

少量試驗的結果很可能有偏差。由於多半純粹是偶然，不能期待它會反覆發生。

人們談論棒球打者的打擊率往往也是用「小數法則」

在不是被三振就是被接殺的優秀打者最後上場打擊的時候，棒球評論員通常會說「該是時候擊出安打了」，這是將整個球季的打擊率套用在一場比賽的打數上所產生的誤會。

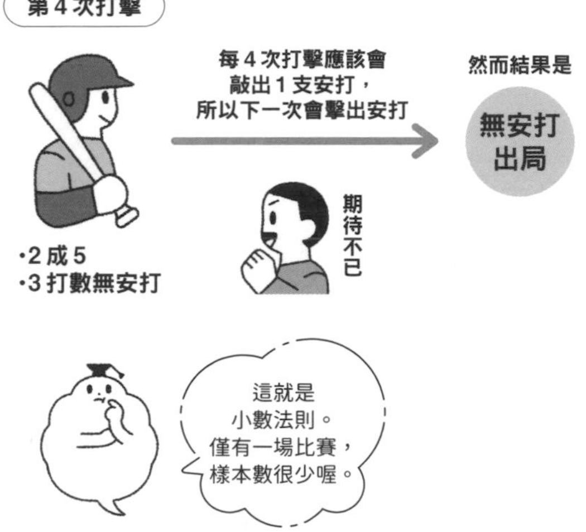

所謂「打擊率2成5」是4打數無安打、4打數4安打、4打數1安打等，各種比賽結果統計之後得出的數字，但我們卻期待只打一場比賽就有這樣的成績（打擊率）。

以長遠來看便知道，有好的時候也有壞的時候

雖然一開始的結果有偏差，但重複多次之後會逐漸接近平均值，這種現象就是「均值回歸」。若以擲銅板來說，就是出現正面和反面的機率接近1/2的狀態。

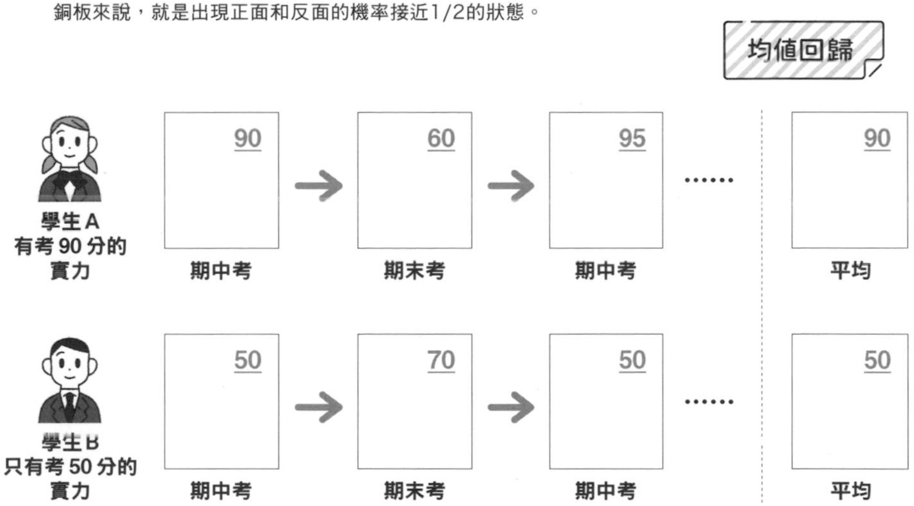

我們往往會因為考試分數的好壞而時喜時憂，但只要不斷重複，分數就會逐漸接近真正的實力。極好或極差的分數是偶然的產物。

05

KEYWORD ≫ 參照團體

想成為群體的一分子

希望跟那群人成為夥伴

「哈雷・戴維森（Harley-Davidson）」是美國知名的機車製造商，許多騎哈雷重型機車的人，他們的服裝和外貌也與機車的形象相符。他們被認為是一種團體。會成為一員的通常是**喜歡那個團體和成員，把成為其中一分子看作是自己特色的人**。我們稱這種團體為「參照團體」。例如１９９０年代出現在日本澀谷等鬧區的１０９辣妹也是其中之一。即使不是特色非常強烈的成員，**只要能夠贊同團體的行動和思維方式，就是「參照團體」的一員**。顧客如果可以成為「參照團體」，企業就能更輕易地行銷自己。

「針對成人」的汽車保險策略

「專為成人設計的汽車保險」，參照團體也成了保險產品名稱的一部分。光是這個名稱就會讓人覺得自己也應該加入保險。

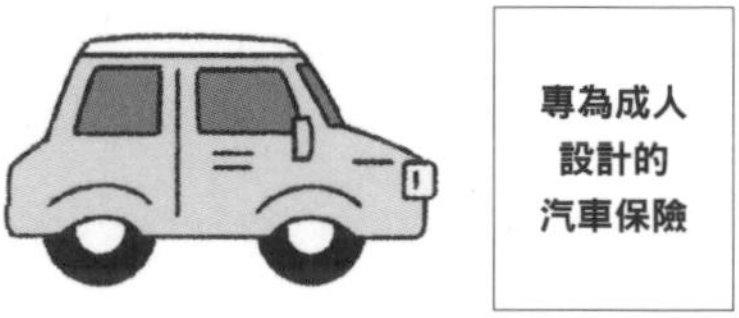
專為成人
設計的
汽車保險

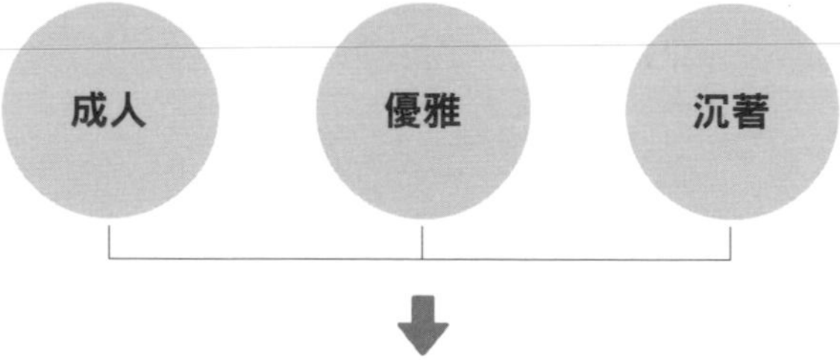
成人
優雅
沉著

抹除「高齡」的負面觀感，提升形象。
提高消費者投保意願。

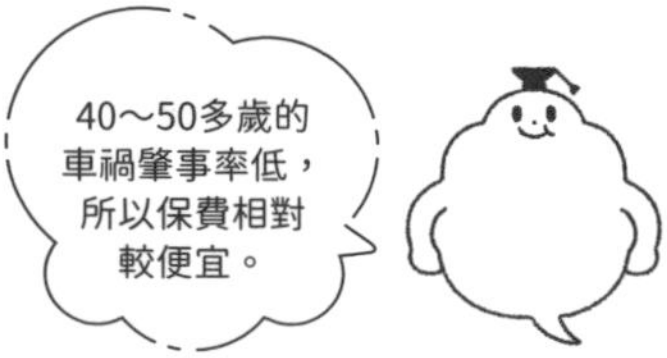
40～50多歲的
車禍肇事率低，
所以保費相對
較便宜。

想成為仰慕名模的粉絲而購買

表示身為參照團體一員的象徵性商品，可以增添該團體的魅力。如果自己仰慕的網紅也有使用那樣商品，宣傳效果會更好。

手鐲
項鍊
名模身上穿戴的配件
團體中的一員
模仿名模的穿搭而購買
參照團體

如果能感覺自己也成為團體的一員，而不只是嚮往，就會與那個品牌的商品產生情感聯繫，使人繼續購買。

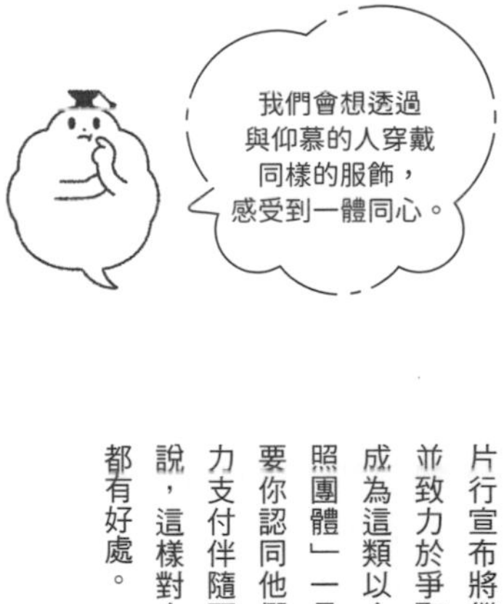
我們會想透過
與仰慕的人穿戴
同樣的服飾，
感受到一體同心。

不當冤大頭

就算擁有同樣的物品也不會成為那個人

如果用一句話來表示企業所追求的理想狀態和提供的價值，這就叫做「品牌宣言」。以「淘兒唱片行」來說，就是「No Music No Life（=沒有音樂就活不下去）」。同意這句話，購買CD的消費者、音樂人、店員等各式各樣的人都被視為「參照團體」。淘兒唱片行宣布將繼續與他們同在，並致力於爭取消費者的購買。成為這類以企業為中心的「參照團體」一員並沒有不好，只要你認同他們的想法，並有能力支付伴隨而來的費用。毋寧說，這樣對企業和消費者雙方都有好處。

06

KEYWORD ≫ 排擠效應

人並非只受金錢驅動

驅動人的力量還有道德

當你決定對之前無償參與活動的人支付費用時，有可能會使他們的動機降低。金錢之類的報酬（＝外在動機）有時會成為動機。不過，它也可能導致人主動採取行動的意願（＝內在動機）喪失。這種現象稱之為「排擠效應」。人一看到報酬，心裡就會開始計較得失，並會想辦法讓自己付出的勞力與報酬相符。**不是「為了錢」，而「只是因為感到快樂」、「為了某個人」這類的動機，有時也會引發行動。**相反的，金錢有時候也會使人的意願降低。

利他性會讓人守時

這是美國行為經濟學家丹·艾瑞利所做的實驗，有一間幼兒園，家長常常不準時來接小孩，於是幼兒園對遲到的家長引進罰款制度，並觀察其結果。

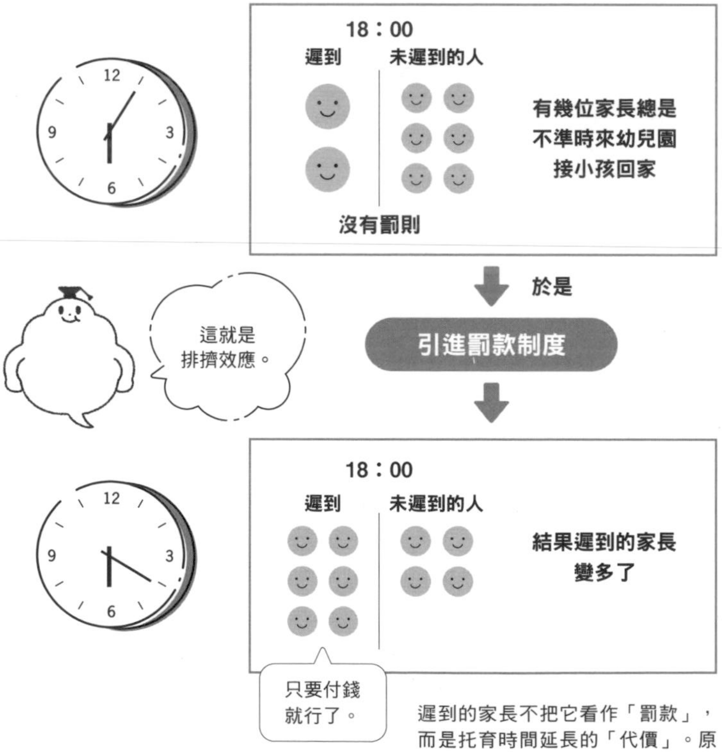

18：00
遲到
未遲到的人
有幾位家長總是不準時來幼兒園接小孩回家
沒有罰則
於是
這就是排擠效應。
引進罰款制度
18：00
遲到
未遲到的人
結果遲到的家長變多了
只要付錢就行了。

遲到的家長不把它看作「罰款」，而是托育時間延長的「代價」。原本用來制止遲到的「罪惡感」完全消失了。

人即使沒有報酬也會做出成果

把參與下述簡單作業的人分成3組並給予不同的報酬，要求他們用滑鼠把電腦螢幕上左側的圓移到右側，調查5分鐘內分別可移動多少數量。

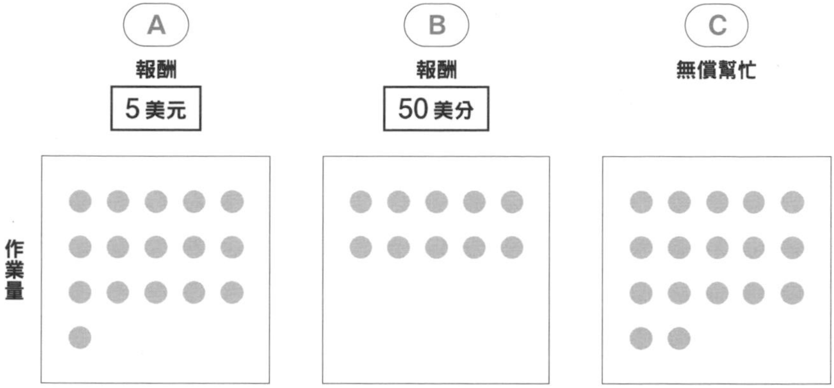

實驗的結果是：沒有報酬，當作受人之託的C組獲得了最佳成績。因為他們不計較得失，全神貫注於作業。

報酬有時會削弱人的幹勁

對別人有所幫助是無償志工服務的動力泉源。如果為此支付酬勞，金錢就成了做那件事的動力來源，於是便會開始考慮得失。

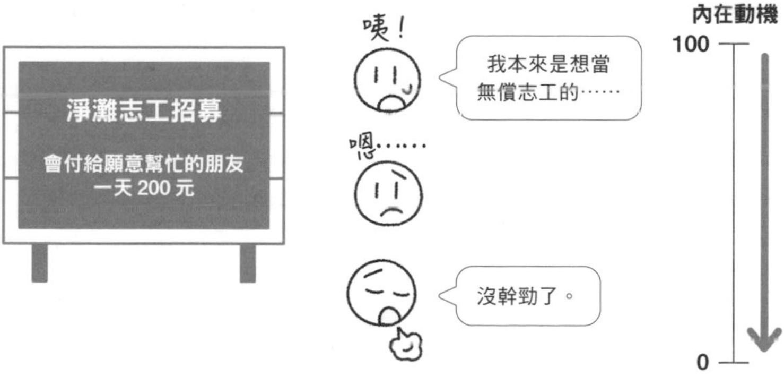

除非支付相當大一筆錢，否則用金錢當作報酬很危險。不妨想出辦法增強內在動機。

KEYWORD ≫ 可得性捷思

07 超商的數量多過美髮院和牙醫診所？

優先想起容易回想起的記憶

一般認為飛機意外事故發生之後，搭飛機的人會減少，搭高鐵的人則會增加。而在現實中，連續發生飛機意外事故的可能性很低，但在事故的記憶依然鮮明時，大眾會覺得有可能再次發生意外。這是因為**人們相信，令人印象深刻、難忘的事情，發生的頻率和機率很高**。這種認為容易回憶起的事很重要的傾向稱之為「可得性捷思」。雖然未必能得出正確答案，但這是可以在短時間內輕易得出具有一定正確性之答案的「捷思法」之一。

何者的店鋪數量較多？

假設要在無憑無據下回答便利超商、美髮院、牙醫診所等一般被認為數量眾多的店鋪中，何者家數較多的問題時，我們會從腦中的記憶去回想，並據此做出判斷。

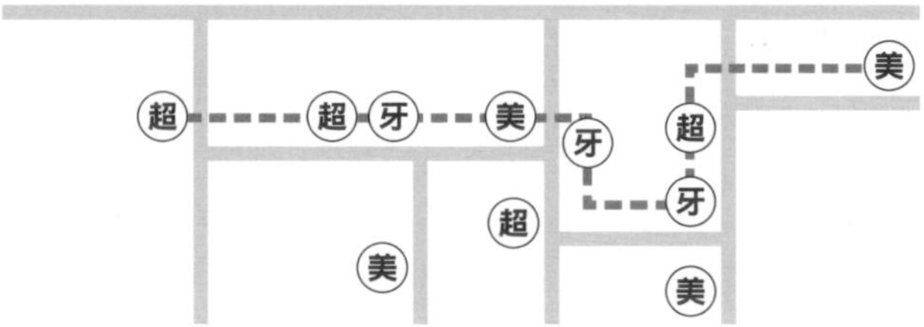

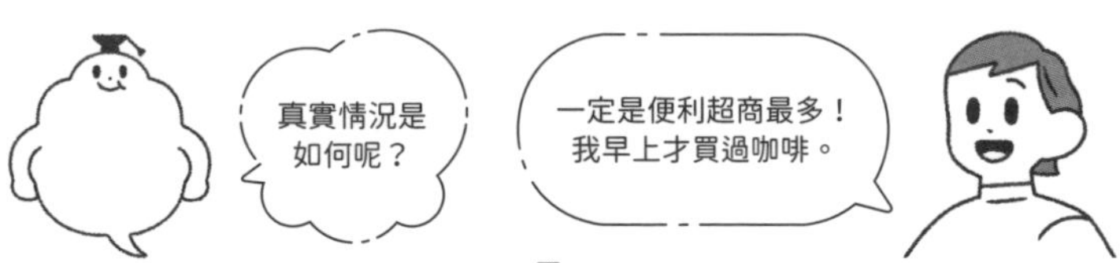

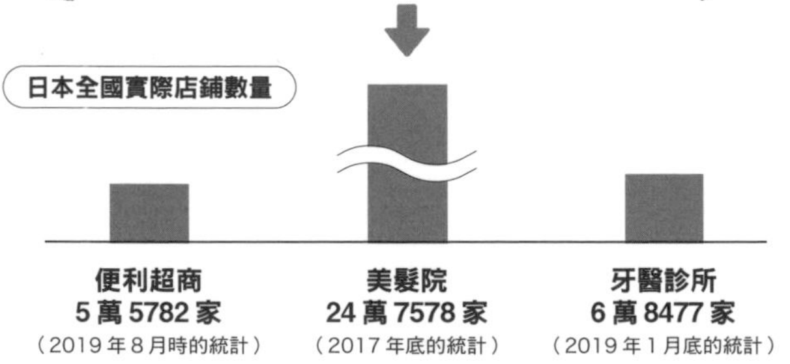

一般來說，經常看到的便利超商會讓人記憶深刻。這時「可得性捷思」便會發揮作用，使人選擇它作為答案。

可得性捷思的運用法

夫妻互相抱怨對方不做家事。於是我們請夫妻倆各自用百分比來表示自己負責的家事。之後將夫妻倆的回答加起來，絕大多數都會超過100%。

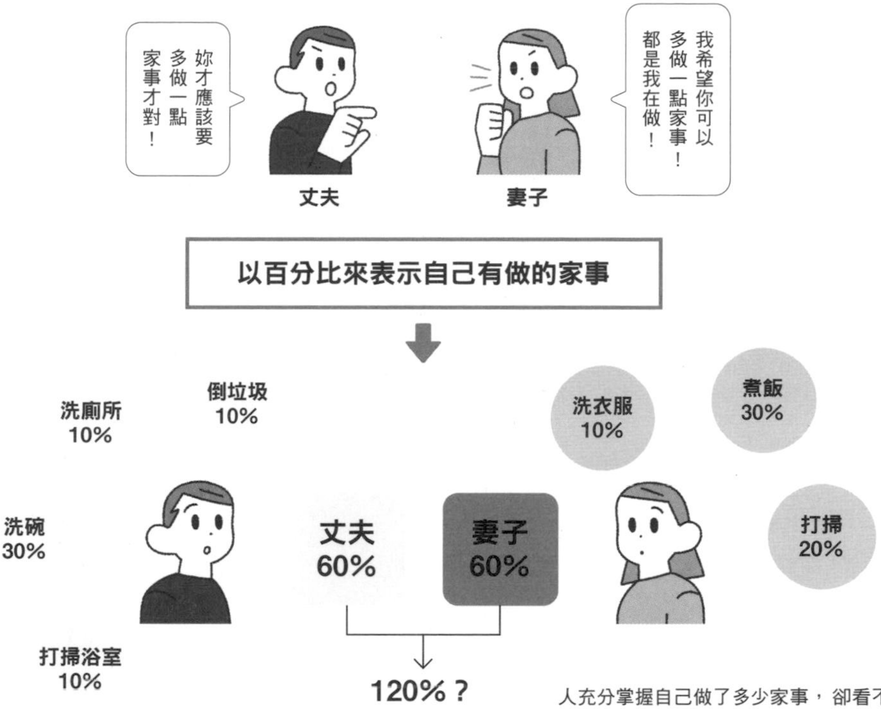

人充分掌握自己做了多少家事，卻看不見別人做的家事，所以認為自己做得比較多。由於雙方都如此認為，合計才會超過100%。

想了解更多

其他地方也用得上可得性捷思

像上述所舉的例子那樣，夫妻互相確認家事分攤的機會應該不多吧。彼此不滿，覺得「自己很努力做家事」、「自己老是吃虧」、「對方不體諒自己」的家庭恐怕不在少數。然而，夫妻雙方都沒有惡意。兩人只是下意識地做出判斷，並非故意低估對方做家事的比率。而這就是問題所在。要解決這個問題，最好的方法就是具備心理偏誤的知識。像這樣對責任分攤的認知差異也會發生在公司、學校等各種場面，並不限於夫妻。擁有知識，人際關係就會更加順暢。

08 當事情和自己有關就會動起來

KEYWORD ≫ 雞尾酒會效應

如果自己感興趣就會有反應

在派對之類的場合，當眾人三五成群地閒聊時，我們仍然能夠自然地聽到自己的名字，或是自己感興趣的人說的話等內容。「雞尾酒會效應」的命名就是由此而來。

這是一種**在吵雜的情況下，仍能聽取自己所需資訊的現象**。舉身邊的例子來說，就像在人潮眾多的銀行等待叫號期間，只會聽見自己的號碼，而聽不見其他人的號碼這類情況。就算搭電車時發呆，當車內廣播響起自己要下車的站名時，便會赫然回神，這也是同樣的現象。

對自己關心的事物就會有反應

在進入耳朵的眾多資訊中，人會下意識地只接收自己感興趣的內容。藉由選取自己需要的資訊，防止過多資訊導致大腦運作失靈。

● 在吵雜的環境中仍能交談

人經由耳朵接收大量的訊息，但如果要辨識所有訊息，大腦將無法處理。因此人會判斷自己是否需要這些訊息，並自然而然地進行取捨。

● 人會聽見自己感興趣的事

人會下意識地注意去聽自己關心的內容。利用這種特性就能引起特定對象的注意，甚至可促使他們做出某些行動。

⑤ 如何讓人覺得癌症篩檢通知與自己有關

「雞尾酒會效應」不僅會作用在聽覺上，也會對視覺產生作用。大腦會不自覺地篩選眼睛所接收到的訊息，並找出需要的訊息做出反應。

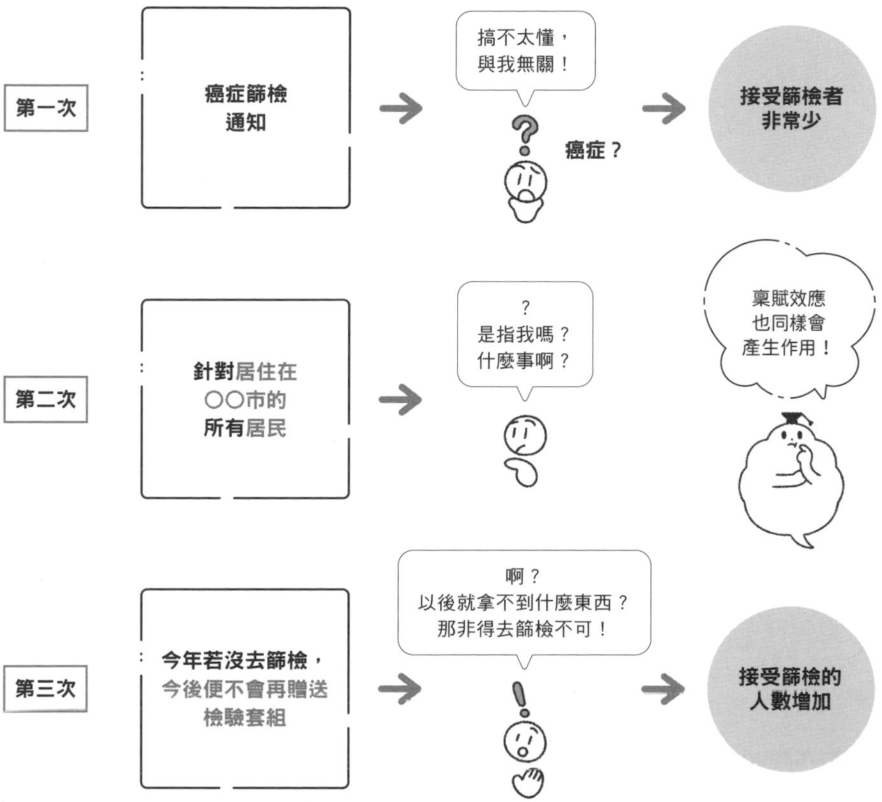
第一次
癌症篩檢通知
搞不太懂，與我無關！
癌症？
接受篩檢者非常少
第二次
針對居住在○○市的所有居民
？是指我嗎？什麼事啊？
稟賦效應也同樣會產生作用！
第三次
今年若沒去篩檢，今後便不會再贈送檢驗套組
啊？以後就拿不到什麼東西？那非得去篩檢不可！
接受篩檢的人數增加

想了解更多

透過巧思讓人感覺與自己有關

企業在推廣商品時，有時候會利用「雞尾酒會效應」來號召顧客。「為●●煩惱的朋友」、「家中有○歲小孩的父母」、「居住在▲▲市的你」，透過視覺或是聽覺進行這類號召，藉此引起關注。利用這種方式把商品資訊提供給目標客群，促使他們購買。此外，在一般人的日常生活中，「雞尾酒會效應」也能派上用場。舉例來說，想拉近與某人的距離時，只要在談話中加入那個人的名字，對方就會注意到你。如此便能讓對方留下印象，或是產生好印象。

09

KEYWORD » 框架效應

要接受死亡率10％的手術嗎？

用不同方式表達同一件事給人的印象會有所不同

除了消費行為之外，在日常生活中也可見到「框架效應」的影響。單單一個表達方式就能改變事物給人的印象。

關於同一個手術，分別有死亡率10％和存活率90％這2種說法，告知患者存活率90％時，願意接受手術的人比較多。另外，聽到「滿意度90％的服務」時，我們會得到「這是優質服務」的印象，也許會積極地想要利用看看。不過，假使改為「10人中有1人不滿意的服務」，情況會如何呢？想必評價會一口氣降低，讓人失去使用的意願。

成功的機率相同，但給人的感受不同

同一個現象存在正、反兩面，認知到哪一面會影響我們的判斷。即便在疾病的治療上，看到的是死亡比率還是存活比率，人的選擇也會不一樣。

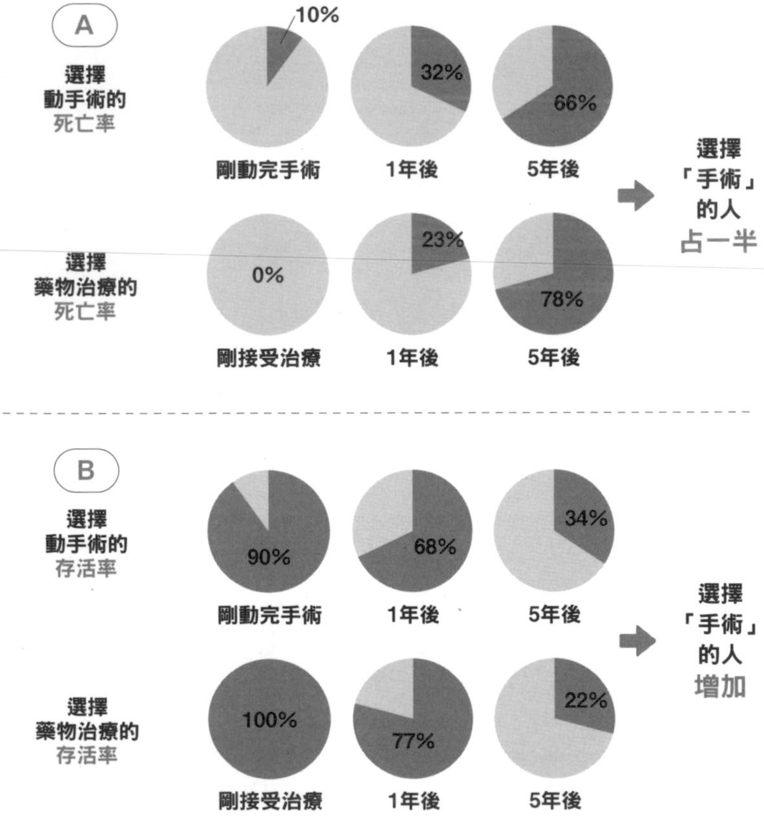

如何存錢也看心情而定

連存錢的動力也會受到我們的想法影響。當被告知不可動用的比率時，存錢的動力會消失，而被告知可動用的比率時，便感覺生活過得下去。

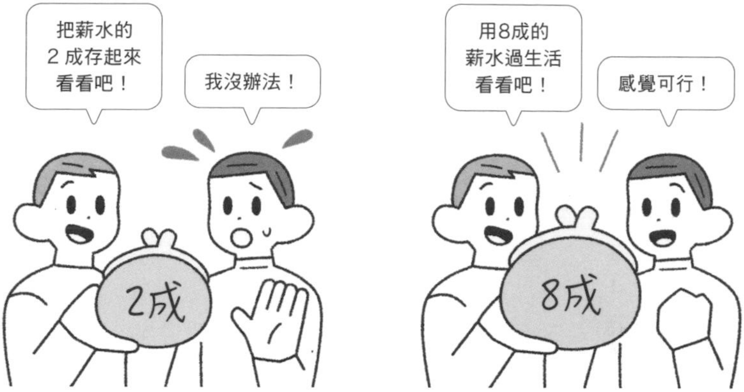

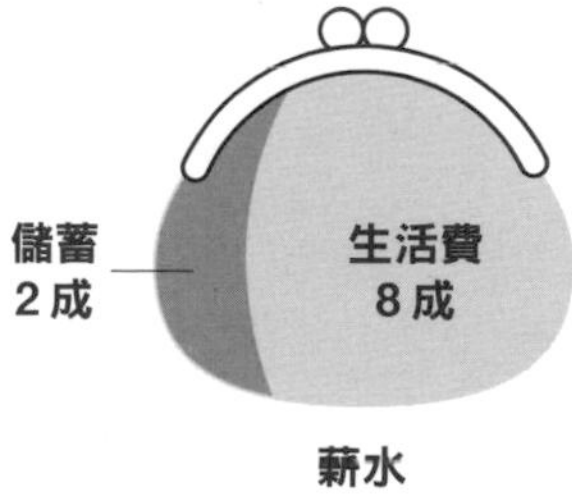

「把薪水的 2 成存起來」會讓人覺得必須存的金額很大，沒有什麼把握；而如果是「用 8 成的薪水過生活」就會願意去做。

不當冤大頭

表達方式會讓效果看起來不一樣

因看待事物的方式改變，使得印象和判斷都有所不同的「框架效應」，與其他各種心理偏誤都有關聯。舉例來說，在吃到飽餐廳吃過量時存在的心理偏誤「沉沒成本效應」。它被認為是一種「框架效應」，人會過度關注過去已失去且無法挽回的時間、金錢、勞力等成本。另外，還有賭博贏來的錢難以存下來，容易揮霍殆盡的「心理帳戶」。這也是「框架效應」所造成的，雖然同樣都是錢，但來源和用途會改變人對它的看法，進而使意識產生變化。

10

KEYWORD » 初始效應

第一印象決定後續發展

不論人和事物都擺脫不了表面的印象

想必各位在求職面試或是新工作到職第一天等情況下，都有過被人告誡「第一印象很重要」的經驗吧。這是受到所謂「初始效應」的影響。這是一種心理偏誤，亦即**最初得到的資訊會一直留在印象中，影響日後評價的現象**。舉例來說，針對自己不了解的商品去請教別人時，對方回答「這項商品的品質很好……只不過價格昂貴」，和「這項商品的價格昂貴……不過品質很好」，2種說法給人的印象肯定完全不一樣。因此有必要根據你想給人的印象來調整表達方式。

新聞標題為什麼很重要？

我們看新聞時，首先會看標題。藉由標題引起人的注意和關注很重要。如果標題和內容有所出入，便會被追究報導的可信度，所以要小心。

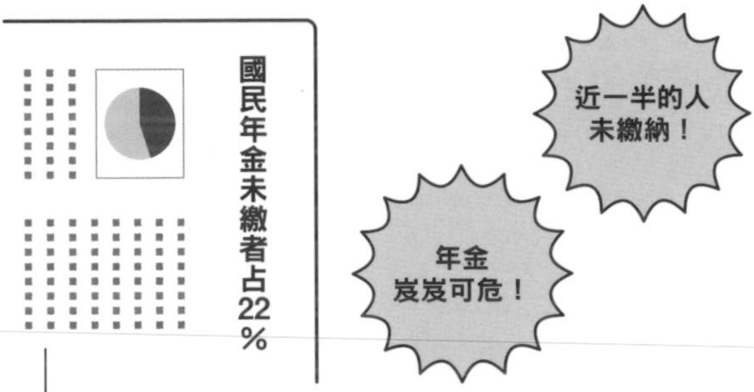
國民年金未繳者占22%
近一半的人未繳納！
年金岌岌可危！

仔細閱讀報導內容便會發現，

未繳納者中包含部分的第一類被保險人（自營業者、學生、無職者），以及「免繳」和「緩繳」的人

↓

實際未繳者只有幾%

一開始
看到的資訊，
會讓人留下強烈的
印象。

最初的印象仍會影響人的評價

在人際關係中，當對方對自己尚不感興趣的時候，「初始效應」會產生強烈的影響。自己的所有特徵未獲確認，就會被人依照第一印象打分數。

● 請A和B製作簡報資料

A被選中，下次的資料也請他製作

初始效應

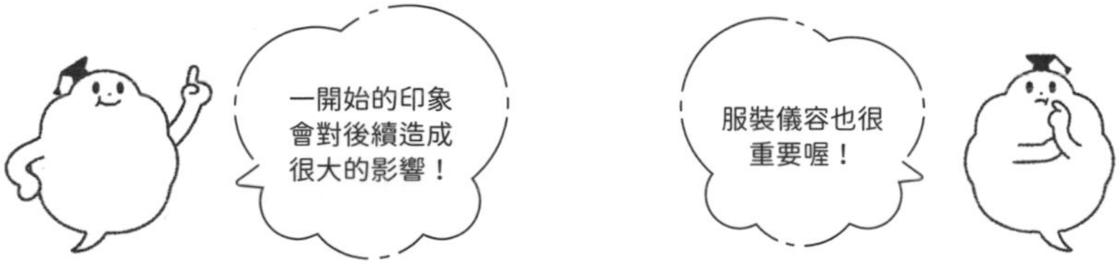

想了解更多

在工作場合 有效地運用初始效應

「初始效應」是人會重視最早接收到的訊息的心理，另有一種與其相反的心理為「時近效應」。這是指人會根據最後得到的資訊來決定印象。例如在商場上向客戶提案，希望自家公司可以從數家企業中脫穎而出時，一般認為只要盡可能排在最後做簡報，就能給對方留下深刻的印象。像這樣有「多個訊息來源」又是「持有相反主張」的情況，「時近效應」的影響就很強烈。反之，當「只有一個訊息來源」且都是「類似的訊息」時，「初始效應」就會增強。靈活運用這些效應很重要。

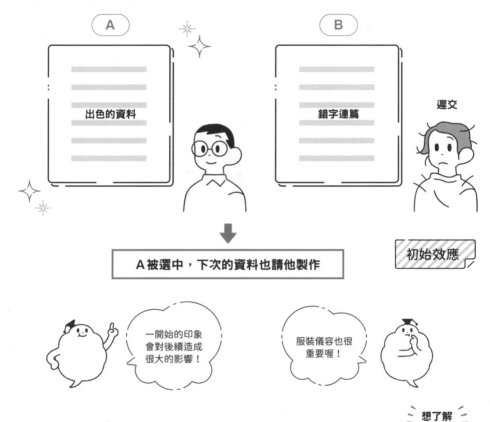

11

如果「有理由」就能接受它很便宜

KEYWORD » 基於理由的選擇

因為有理由，感覺就不會後悔

在某項實驗中問受試者，如果下述這對夫妻離婚時，孩子的撫養權應歸屬於哪一方。其中一方在年收入、工作時間、親子關係、健康等方面都是「一般標準的家長」；另一方則是收入高、親子關係很好，但常常因為工作不在家、有健康問題的「特色家長」。不論問「撫養權應該給哪一方」或是「不該給哪一方」，結果答案都是後者較多。不管是「該給的原因」還是「不該給的原因」，反正只要有理由就好。**人在做決定時，只要有某些根據和理由，即使最後會產生矛盾也不在意。**這種心理稱作「基於理由的選擇」。

如果是「瑕疵品」就能放心購買

人在決定一件事時，往往會擔心那個決定是否正確。而且會試圖採取理性、正確的行動。因此會為選擇和判斷尋找理由。

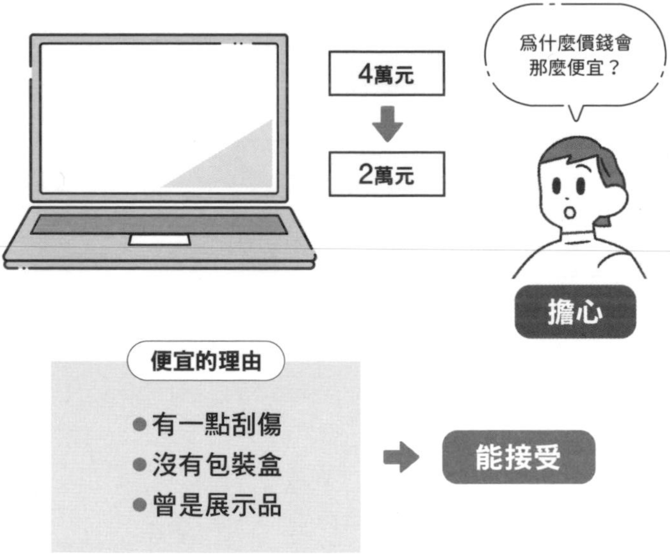

4萬元
2萬元
為什麼價錢會那麼便宜？
擔心
便宜的理由
●有一點刮傷
●沒有包裝盒
●曾是展示品
能接受

只要有理由就可以接受，於是便會感到放心。

客觀來看，如果有正當理由就能接受並做決定。會有問題的是那些自行捏造理由的案例……。

自己編個理由購買

我們在購買奢侈品，或是一直忍住沒買的東西時，有時候會說那是「給自己的獎勵」。就是自己編個「理由」說服自己。因為給獎勵和得到獎勵的都是自己，而且無緣無故，仔細想就會覺得奇怪，但如果有理由就不會在意。

與〇〇的
聯名商品
限量100個
限時折價
2萬元
工作上
一直很努力
減肥也
成功了
是否在
自我說服？
高級包包
我一直很努力工作，
而且包包降價了。
負責新的
企劃案
公司獎金
給的不錯

想了解更多

長遠來看能得到幸福的購物方法

長遠來看能得到幸福的購物，就是經過深思熟慮才決定購買。

受到「基於理由的選擇」影響的購物行為，並不等於你「根據某個原因做出判斷」。而是「未經仔細思考便先做決定，之後再補上一個（像是理由的）理由」的購物行為。由於自己的判斷是有（像是理由的）理由的，因此能說服自己並沒有錯，然而那只是自我正當化。

接連不斷犒賞自己的人，也許要仔細想一想是否陷入了「基於理由的選擇」？思考一下自己的購物行為。

12

為什麼日本會發生養老金2000萬圓問題？

KEYWORD » 從眾效應　錨定效應

晚年有2000萬圓也不夠用？

所謂的「養老金2000萬圓問題」，指的就是2019年日本金融廳向大眾公布了一項試算：「20～30年的老年生活，準備1300～2000萬圓是不夠的」，因而引發爭議的問題。

在各家媒體的報導中，「養老金2000萬圓不夠用」的說法不脛而走，使許多人感到很不安。而引起軒然大波的背後，可能存在「從眾效應」。這是一種**人在群體中會採取與他人同樣行為的心理**。日本昭和時代曾經流行過一句話：「大家一起闖紅燈便不怕」，背後就存在這樣的心理。民眾在「養老金2000萬圓問題」中，也同步感受到焦慮。

2000萬圓問題也與「錨定效應」有關

此問題會造成不安，可能也是受到「錨定效應」的影響。就是先看到的數字成為一個錨，影響了之後的判斷。

平均壽命　男性81.1歲　女性87.3歲

沒有工作的高齡夫婦每月的赤字金額　約5.5萬圓

出處：2019年6月　日本金融廳「高齡社會的資產形成管理」報告書

退休後20年

5.5萬圓×12個月×20年＝1320萬圓

退休後30年

5.5萬圓×12個月×30年＝1980萬圓

➡ 還需要2000萬圓

你能存到
2000萬圓嗎？

錨定效應

有在為老年生活做各種準備的人，如年金等，也相信需要有2000萬圓的存款。

譯註：以2019年日圓兌新台幣的平均匯率0.283來計算，2000萬圓約等於新台幣566萬元；以2019年日圓兌港幣的平均匯率0.0719來計算，2000萬圓約等於港幣144萬元。

所有人都贊同媒體的說法

在2016年日本厚生勞動省發表的「國民生活基礎調查」中，平均每戶儲蓄金額為1033萬圓。擁有2000萬圓以上存款的家庭不超過15%，這使得許多人都擔心沒有足夠的養老金。

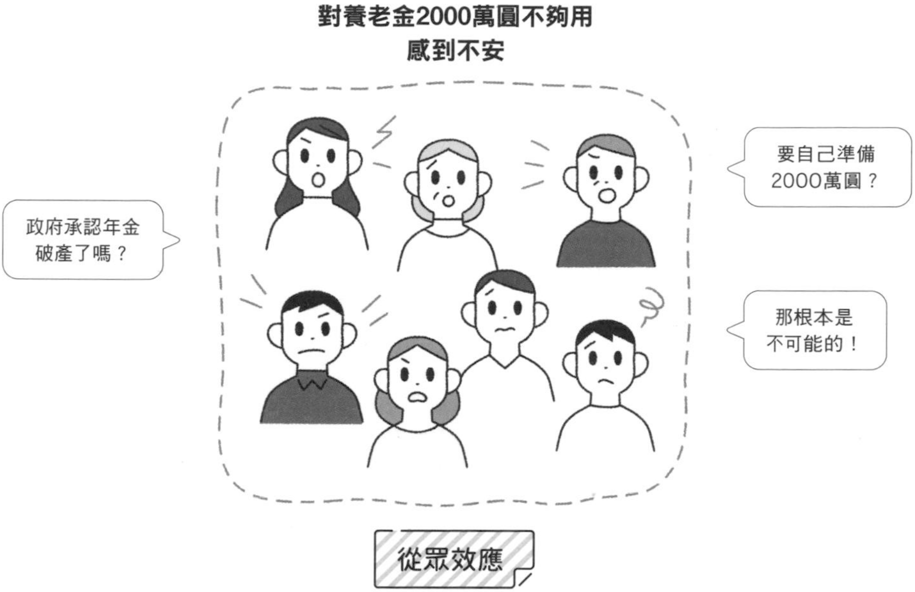
對養老金2000萬圓不夠用
感到不安
政府承認年金破產了嗎？
要自己準備2000萬圓？
那根本是不可能的！
從眾效應

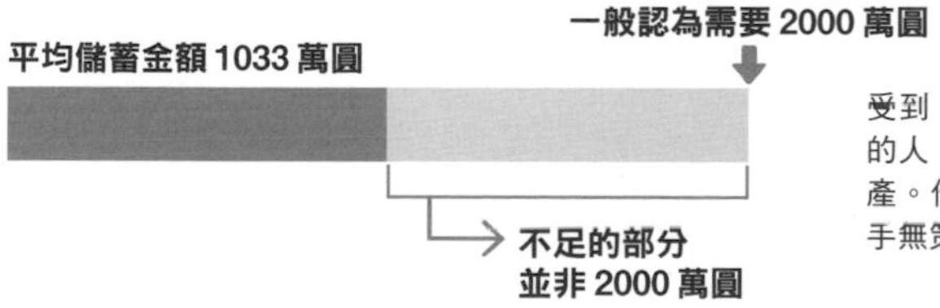
一般認為需要 2000 萬圓
平均儲蓄金額 1033 萬圓
不足的部分
並非 2000 萬圓

受到「從眾效應」影響而停止思考的人，大多都不會去確認自己的資產。他們認為政府在年金問題上束手無策，對大眾的不滿感同身受。

想了解更多

老年生活的準備

正如俗話所說「好了傷疤忘了痛」，「養老金2000萬圓問題」已經逐漸為人所淡忘。一連串的風波所帶來的良性影響是，為老年生活做準備引起了閱聽大眾的關注。實際上問題發生後，申請NISA（小額投資免稅制度）帳戶、參加養老金講座的民眾也增加了。其實當時日本金融廳是試圖建議國民擬定一套不同於舊世代的生涯（出社會工作↓結婚生子↓買房↓退休↓年金生活）規劃。因此想要呼籲大眾自行預作準備的重要性，例如透過各種不同方法增加個人資產等。預作準備的必要性，至今依然不變。

橋本老師來解答

行為經濟學的

購物諮商室

Q 買了太多攜帶式電扇的電池。該怎麼做，才不會像這樣浪費錢呢？

攜帶式電扇和電池擺在一起販售。我心想沒電池的話很麻煩，就順便多買了一些。沒想到電扇壞了，只剩下一堆電池。

（40歲，女性，上班族）

A 當損失或得到的金額愈大時，人對其帶來的不滿或滿足的感受有愈遲鈍的傾向。這種傾向稱為「敏感度遞減」。不論買電扇或買電池，都會因付款而產生損失。人在花費一定金額之後，對小額開支便感覺不到痛。這可能就是為什麼妳會買太多比電扇便宜的電池了。遇到像這樣的情況，不妨刻意暫時忘記買了電扇的事，當作只購買電池的情況來進行判斷。

⇨P.36

Q 我對積點活動樂在其中，但這樣真的划算嗎？

我平常有在積點。店家推出了「購物贈點活動」，只要每次在店裡消費，累計的點數就會增加。我為了點數，通常會買比較貴的日用品和家電等。這樣真的划算嗎？

（40多歲，女性，自由業）

A 人對於自己擁有的東西，往往會賦予它很高的價值，價值甚至高到別人看來無法理解。這種心理稱之為「稟賦效應」。每次購物所累積的點數是屬於自己的東西，所以感覺比實際兌換的金額更加寶貴。而「偏好上升」的心理更助長了積點活動。這是一種喜歡隨著時間推移而更加滿足（不滿減少）的心理。點數增加是一件令人開心的事，而且會盡量避免因為使用而減少。人就是受到這些心理的影響才會迷上積點活動。收集點數很有趣，這點我並不否認，但請充分了解自己實際得到多少優惠，再決定是否應該購買。

⇨P.28、P.122

Chapter

4

這種地方也有行為經濟學

良好人際關係的建構、良善社會活動的實踐等，為了改善周遭的社會環境，行為經濟學的理論在有些情況下可以作為參考。

01

為他人而做會感到快樂

KEYWORD » 社會偏好

利他行為可使人變得快樂

傳統經濟學認為，人會追求自己的利益而做出利己的行為，然而**實際上，人也會考慮他人的利益和對社會有利之事並採取行動，而不僅是考慮自己**。志工活動和節電等有關環保的行動，就是典型的例子。促使人做出這類行動的心理稱為「社會偏好」。「社會偏好」包含數種類型，例如：犧牲自己，為他人的幸福、利益盡心盡力的「利他性」；以善行回應善舉，建立互惠、互助關係的「互酬性」；回報從他人那裡獲得的好處的「報答性」。

人會為他人著想並願意採取行動

人在生活中會盡量迴避損失，但同時也會考慮他人的感受，甚至採取有益他人的行動，而非只考慮自己。

考慮對社會有利之事的心理

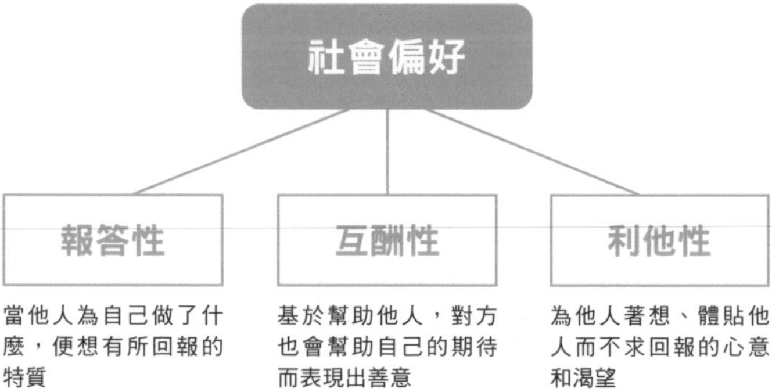
社會偏好
報答性
當他人為自己做了什麼，便想有所回報的特質
互酬性
基於幫助他人，對方也會幫助自己的期待而表現出善意
利他性
為他人著想、體貼他人而不求回報的心意和渴望

光用「利己」無法解釋的人類心理

↓

當你為他人著想並採取行動，
就能感到快樂

透過利他行為得到快樂的實驗

「社會偏好」是指優先考慮他人的利益，基於這種心理採取的行為，不需要透過外力強制。因為採取行為的一方在心理上也會受益。基於「利他性」的行為會提升人的幸福感，已得到加拿大心理學家伊莉莎白·鄧恩（Elizabeth Dunn）等人的實驗證實。

① **進行實驗當天的早晨，請實驗參與者評量自己的幸福感。**

3
5
7
10

② **參與者被分成2組。**

為自己
在下午5點前
把拿到的錢
全用在自己身上

為他人
在下午5點前
把拿到的錢
全用在他人身上

③ **下午5點以後，再一次集合實驗參與者，請他們評量自己的幸福感。**

為自己組　　**為他人組**

5
5
8
10

➡ **「為他人」組的幸福感較高**

社會偏好

使人意識到「利他性」以抑制行為

新冠肺炎疫情初期，日本厚生勞動省為了讓民眾遵守行動限制，防止疾病蔓延，曾發布一則訴諸「利他性」心理的公告，希望民眾採取行動時能為他人著想。

減少8成人際接觸的10項要點

保護自身和身邊人的性命
重新審視日常生活

① 透過視訊通話線上返鄉
② 上超市盡量獨自或兩三人同行，並避開尖峰時間
③ 慢跑要避免群聚，去公園活動要選擇人少的時間、地點
④ 非急需的物品請透過網路購買
⑤ 聚會改為線上聚會
⑥ 看醫生改採遠距看診
⑦ 重力訓練和瑜伽請在家裡透過影片練習
⑧ 飲食則採外帶或宅配
⑨ 工作改為在家上班
⑩ 與人交談請配戴口罩

引用自日本厚生勞動省網站

為有效控制傳染，敬請各位配合

＞

請各位配合，以保護您自己和您身邊人的性命

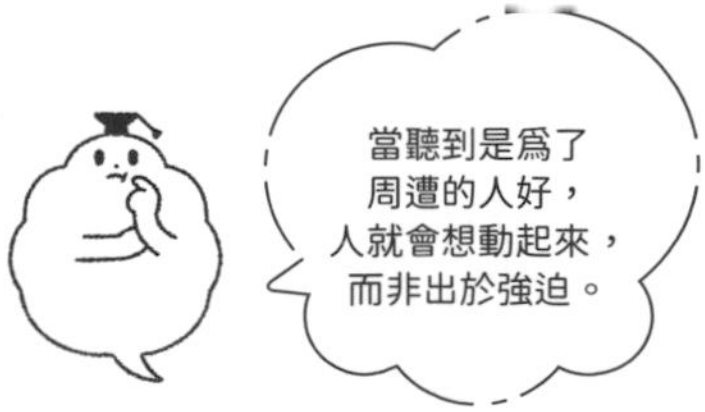
當聽到是為了
周遭的人好，
人就會想動起來，
而非出於強迫。

02

KEYWORD » 偏好上升

事後心滿意足更快樂

凡事先「辛苦」是有道理的

在日本，一般認為事物愈到末端（未來）愈寬廣很吉利。與這種想法類似的心理則是「偏好上升」。這是**對於連續發生的事物，喜歡隨著時間推移感到愈來愈滿足，或是不滿愈來愈少的一種心理**。對於許多人來說，薪水逐年調高，更容易提升工作的動力，例如：進入公司第一年的月薪3萬元，第二年3.2萬元，第三年3.4萬元。無論如何，若以3年的月薪總額9.6萬元來說，總比第一年月薪3.4萬元、第二年3.2萬元、第三年3萬元這樣逐年遞減要來得好。

希望之後回想起來是愉快的

這是一項揭示人「希望何時進行美好體驗」的實驗。美國經濟學家喬治·羅文斯坦（George Loewenstein）在實驗中問哈佛大學的學生，希望在什麼時機品嘗高級法式料理。

Q1 以下2種晚餐，你會選擇哪一個？

Ⓐ 高級法式料理　Ⓑ 樸實的希臘料理

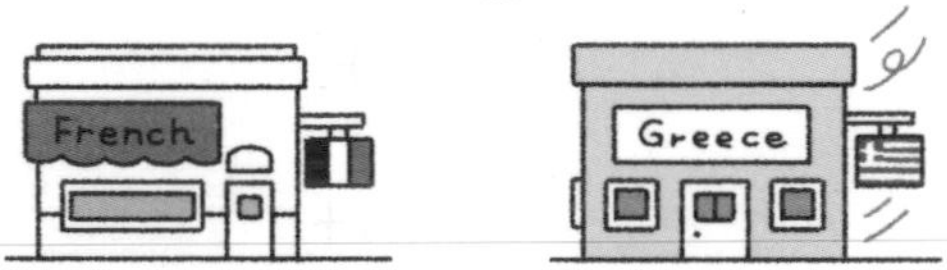

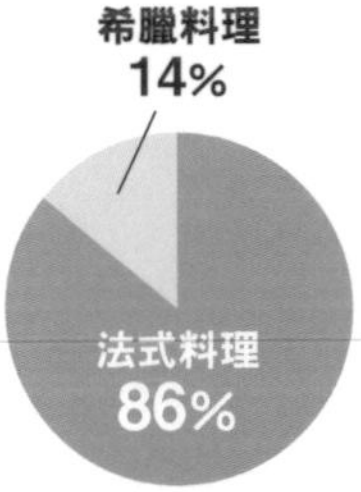

一開始先問：「如果免費的話會選擇吃什麼料理？」篩選出喜歡「高級法式料理」的人。

Q2 問選擇Ⓐ的人，下列情況會選擇何者？

Ⓐ 2個月後去吃法式料理　Ⓑ 1個月後去吃希臘料理

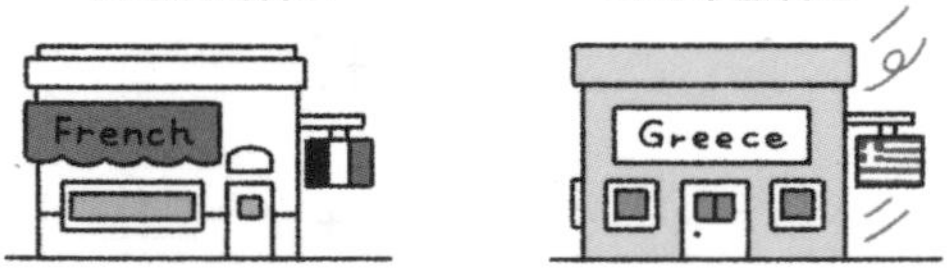

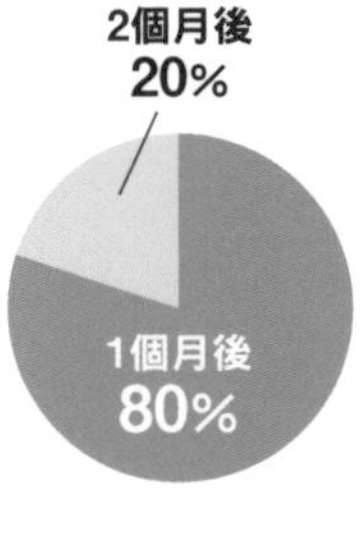

相較於要等2個月才能去吃「高級法式料理」，希望1個月後去吃希臘料理的人占大多數。

Q3 問在 Q1 中選擇Ⓐ的人，假設2家店都必須光顧，會先去哪一家？

Ⓐ 高級法式料理 → 樸實的希臘料理

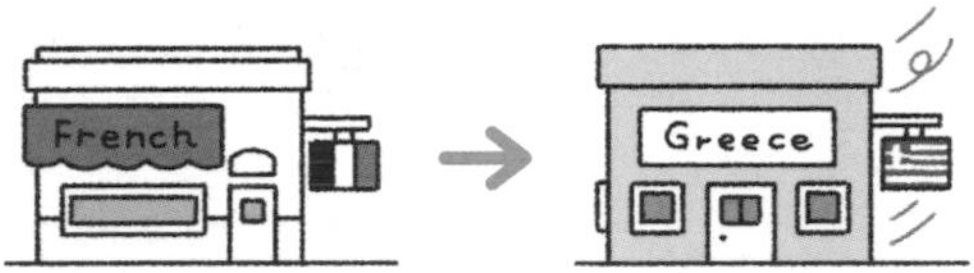

1個月後去　2個月後去

Ⓑ 樸實的希臘料理 → 高級法式料理

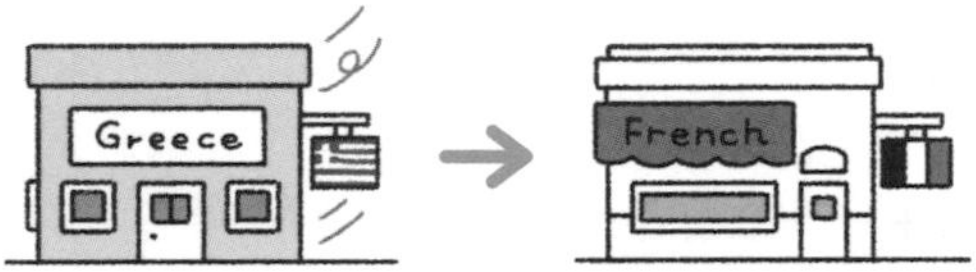

1個月後去　2個月後去

結果

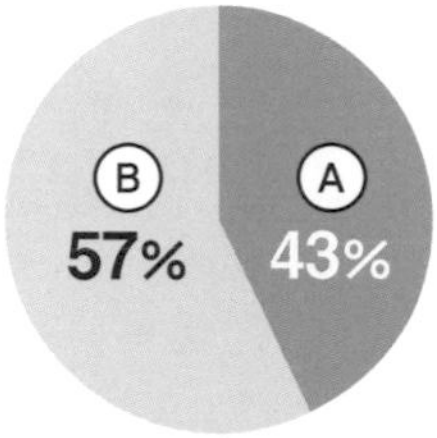

偏好上升

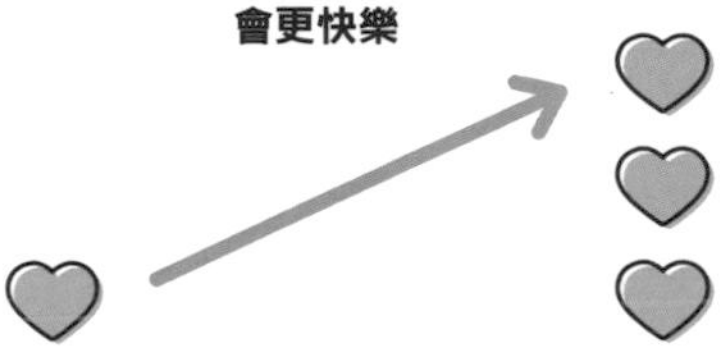

如果問何時要吃法式料理，一般人都會希望早一點吃，但希臘料理和法式料理都要各嘗一次的話，想先吃希臘料理再吃期盼的法式料理的人占多數。像這樣把樂趣擺在後頭，可以感受到更大的快樂。

想了解更多

在目標設定上有效地運用偏好上升

「偏好上升」可以運用在行動的目標設定上。比方說，我們來看看前職棒選手鈴木一朗的目標設定。在棒球中，測量安打能力的主要指標，一般來說就是「打擊率」。不過，現役時代的鈴木一朗是以「安打數」而非「打擊率」當作目標。由於每次擊出安打，安打數便會往上累計，因此只會增加不會減少。而「打擊率」一整年都會上下波動，所以心情會時喜時憂。鈴木一朗便是透過設定會隨著時間上升和增長的目標，讓自己得以保持動力。

03

人一多就覺得安心

KEYWORD ≫ 樂隊花車效應

人擁有想要成群的心理

選舉投票不知道該選哪一位候選人時，有些人會想投給聲勢占上風的候選人。或是，在社群網站上看到很多人按「讚」的咖啡館照片時，許多人一定會想去光顧。**當多數人都做出同樣的選擇時，就會有更多人想選那個選項。**這種「想跟上潮流」、「搭順風車」的心理稱為「樂隊花車效應」。樂隊花車就是行駛在遊行隊伍前頭的樂隊車。受到熱潮吸引的人們，很像跟在樂隊花車後頭參加遊行的群眾，因而有此命名。

感覺多數人支持的事物就是好的

假設相鄰的2家店，一家大排長龍，一家門可羅雀，相信絕大多數人都會選擇有人排隊的那家店。這也是受到「樂隊花車效應」的影響。

ラーメン
這家拉麵店一定很好吃。

ら～めん
我看可能還是有人排隊的拉麵店比較好吃，要不要就去那家呢？
嗯……
樂隊花車效應

人會盲從於周遭的動態。

人自古以來就是群居動物。這項特質已烙印在腦中，所以會不自覺地避免孤立，採取與眾人同樣的行動。

即使自認正確仍然贊同周圍的人

美國社會心理學家所羅門·阿希（Solomon Asch）為了證明人有遷就周遭的傾向，在一個8人的團體中安排了7個「暗樁」，只有一人是實驗受試者，在此情況下讓全員回答哪一條線和基準線一樣。

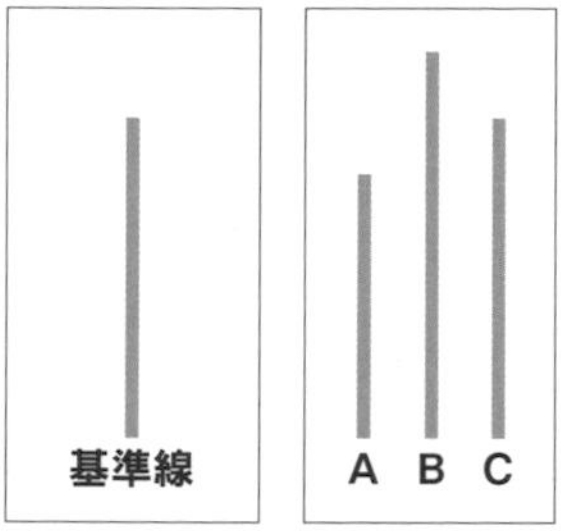

Q. 哪一條和基準線一樣？

①所有人依序以口頭回答哪一條線和基準線一樣長
②受試者每次都是倒數第二個作答
③假冒的受試者前幾次都正確作答，中途開始回答事先指定好的錯誤答案
④實驗重複進行了18次

↓

- **真的受試者選擇同意暗樁所選的錯誤答案，在所有回答中占了37%**
- **在受試者方面，大約3/4的受試者至少有一次同意其他人的看法**

當現場占大多數的暗樁給出錯誤答案時，受試者也會遷就他們的答案。即選擇做出與周遭人一樣的判斷，而不是選擇真相。

想了解更多

流行熱潮的背後存在樂隊花車效應

社會上的風潮通常都是在「樂隊花車效應」的影響下誕生的。摩天大樓大受歡迎也是其中之一。它確實是很有魅力的住宅，但樂隊花車效應的影響想必也不小。可是當人只去注意受歡迎的要素時，就會看不見種種缺點。地震造成災害時，灣岸地區的地盤容易液化已昭然若揭。除此之外，由於光一棟大樓就會造成人口急劇增加，因此也衍生出諸如學校等周邊基礎設施無法負荷的事態。還有像是應付外牆維修等巨額花費的修繕公積金不充分等情形。認清本質而不在乎它熱門與否，永遠都很重要。

04

KEYWORD ≫ 峰終效應

記憶好壞取決於「高峰」和「結束」時的感覺

高峰和結束會徹底扭轉評價

很多人對於學生時代不愉快的記憶，如經常發怒的老師等，似乎一畢業就會拋到九霄雲外，儘管就學當時一直記在心裡面。這是受到「峰終效應」的影響，人會僅憑高峰（巔峰）時的感受（開心或難過等），以及如何結束來評價自己過去的經驗。而事件發生的時間長度並不重要。以學生生活來說，校外教學旅行、校慶等大型活動即是高峰經驗；告別度過漫長校園生活的畢業典禮則是最後的經驗。由於這些美好的記憶令人印象十分深刻，因此會感覺學生時代的一切經歷都相當美好。

整體由「高峰」和「結束」決定

美國行為經濟學家丹尼爾·康納曼做過一項實驗，證明過去的經驗會在「高峰」和「結束」這2個關鍵點上讓人留下印象。

1

A組 聽8秒令人不愉快的噪音

B組 聽完8秒令人不愉快的噪音後，再聽8秒較沒那麼不愉快的噪音

↓

最後，B組整體不愉快的程度降低

2

A. 將手浸在14度的冷水中60秒

B. 將手浸在14度的冷水中60秒後，再浸入稍熱一點（15度）的水中30秒

↓

最後，B組整體不愉快的程度降低。而如果要再經歷一次，69%的人選擇B

2項實驗都證明了當整個經歷只有最後的部分不同時，最後的印象會影響整體。

事件的好壞以「高峰」和「結束」來評斷

最高潮的部分和最後的部分會決定整體的印象。高峰和結束以外的記憶，如在店裡排隊、旅途中平凡無奇的時光等，都會被遺忘。

● 排了1個小時才吃到的美味拉麵

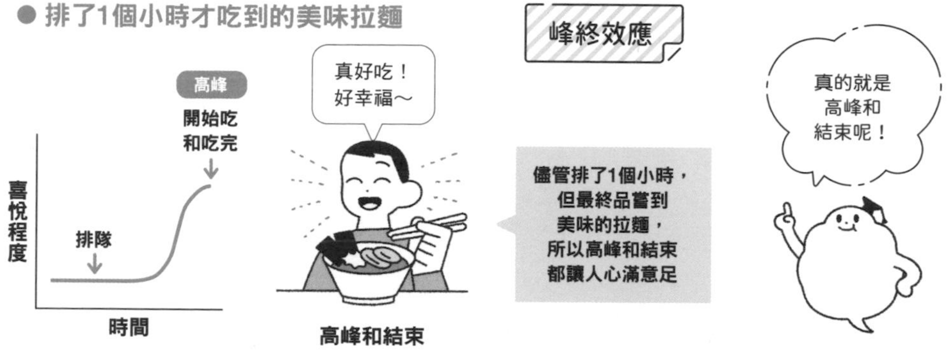
峰終效應
高峰
開始吃
和吃完
喜悅程度
排隊
時間
真好吃！
好幸福～
高峰和結束
儘管排了1個小時，
但最終品嘗到
美味的拉麵，
所以高峰和結束
都讓人心滿意足
真的就是
高峰和
結束呢！

● 美好的旅行

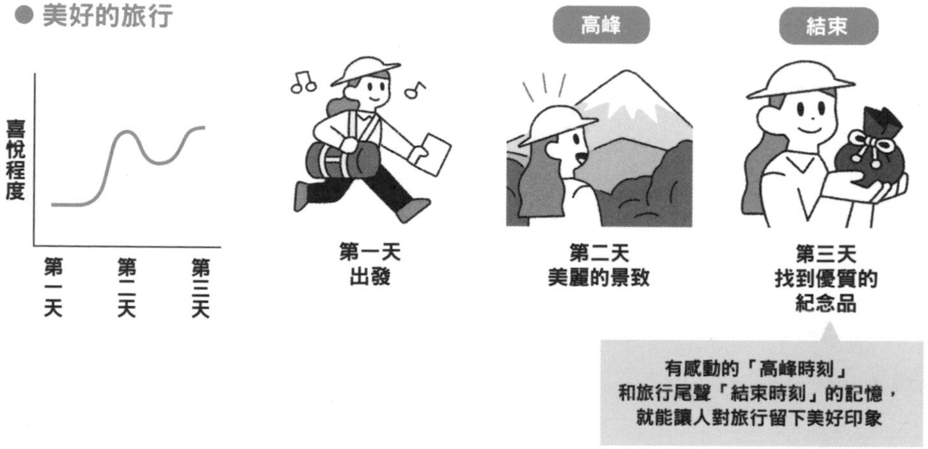
喜悅程度
第一天
第二天
第三天
高峰
結束
第一天
出發
第二天
美麗的景致
第三天
找到優質的
紀念品
有感動的「高峰時刻」
和旅行尾聲「結束時刻」的記憶，
就能讓人對旅行留下美好印象

想了解更多

工作上也要多多利用峰終效應

電影、小說等各種故事創作中，作者都會非常謹慎地處理高潮和結尾的部分。而在一般的日常生活中，也有一些場面可以運用「峰終效應」。舉例來說，假使你是一名公司職員，向上司匯報工作的方式有可能會改變上司對你的評價。先報告壞消息，最後再報告好消息，用這種方式可以讓人留下良好的整體印象。另外，向客戶進行簡報時也要注意製造高潮，並在最後讓人留下好印象，這樣可以提升評價。何不嘗試在各種溝通場面中，好好運用這種效應呢？

05

人會試圖回應他人的善意

KEYWORD ≫ 報答性

人具有互酬性

促使人採取考慮他人利益的行動，這種心理稱之為「社會偏好」。「報答性」也是其中的一種，這是認為從他人那裡得到好處和報酬時，應該予以回報的一種心理。這裡所說的**好處和報酬不僅是具體的金錢或物品之類，也包含「誇獎」、「懷有善意」等抽象的舉動**。就是當對方向你吐露祕密，你也會想說出自己祕密的情況。此外，我們會對一般所謂的「瑕疵品」有好感不單是因為便宜。受到「報答性」心理影響也是一個原因，因為我們還沒開口詢問，對方便自動揭露了商品實際狀態。

人會想要回應別人的心意

人一旦得到別人的善意對待，不回報的話就會心裡不安。白色情人節的回禮也是「報答性」心理的作用，而不僅是表達謝意和好感。

● 情人節人情巧克力的回禮

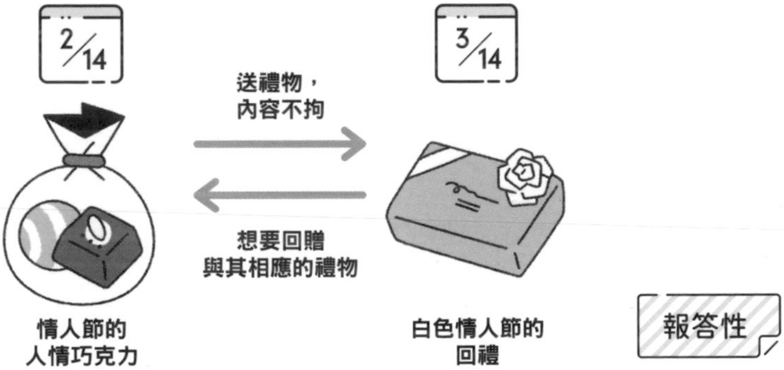

● 在社群網站上得到別人按「讚」，也想回敬一個「讚」

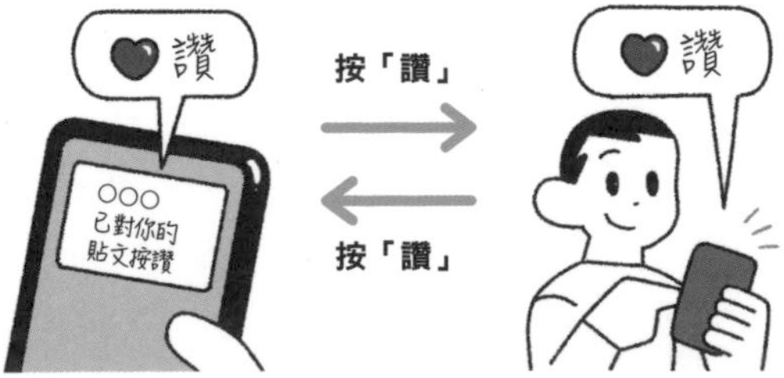

在社群網站上得到別人按「讚」而不予回報的話，可能會被認為「忘恩負義」。用惡意回報別人的惡意也屬於一種「報答性」。

● 在超市試吃

免費試吃等於得到好處，所以會覺得「不買可能不太好意思」。

● 拿到首次免費的試用品就會覺得可以買

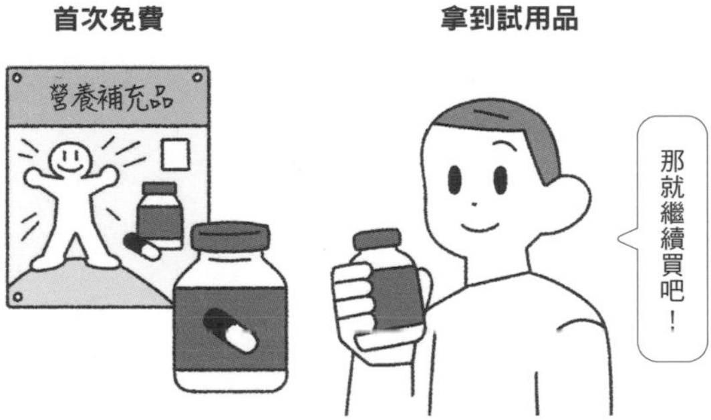

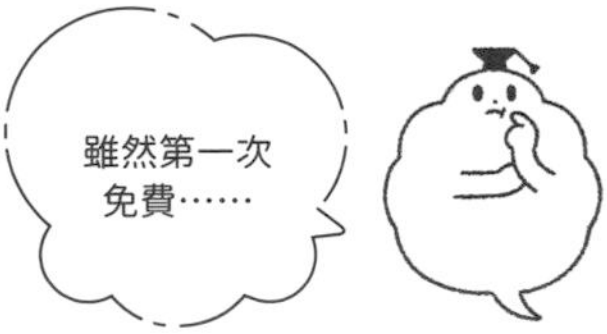

有些人拿到首次免費的試用品便會感到受惠於人。至少會出於善意，嘗試一下這個商品。

● 為免費的咖啡券自費加購蛋糕

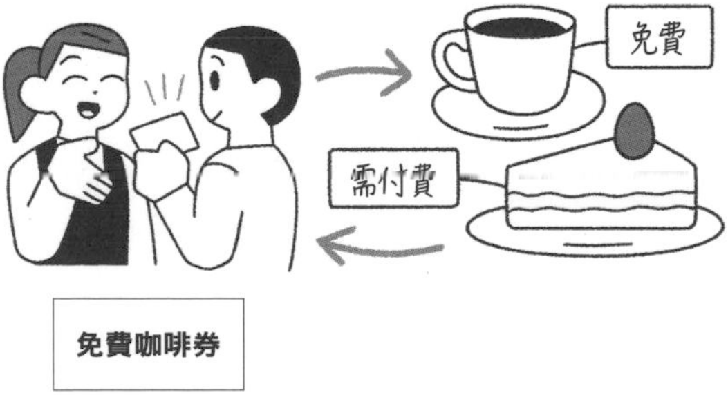

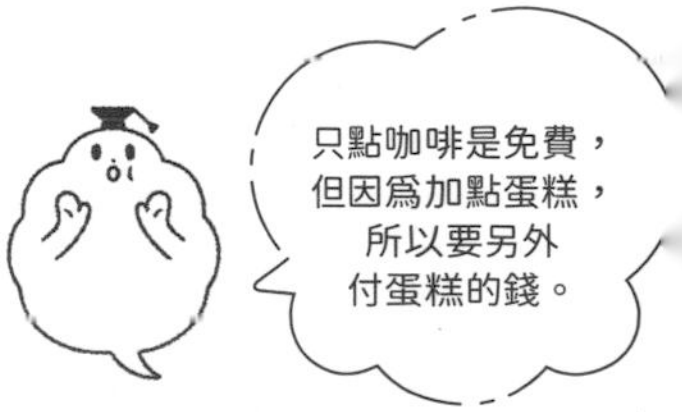

從賣方的角度來看，即使咖啡免費，但只要有加購其他商品就有利可圖，不會賠錢。

06

多數人會高估自己

KEYWORD ≫ 控制的錯覺　鄧寧－克魯格效應

自以為已掌控狀況的心理

儘管有人相信自己是「晴天男孩」或「晴天女孩」，但人是不可能左右自然現象的。當天氣轉變一如自己所願，且有多次這樣的經驗之後，人就會相信自己具有那種力量。這背後存在的心理就是「控制的錯覺」。這是一種**相信自己能控制並影響實際上超出自己能力範圍之事的心理**。此外，還有一種會導致人過度自信的心理叫做「鄧寧－克魯格效應」。這是**能力愈低下的人，愈不會意識到自己能力不足，而給予自己高出實際評價的傾向**。人在自我評價時也會受到各種心理偏誤的影響。

認定自己在平均水準以上

如果問：「你認為自己在平均水準以上嗎？」多數人都會回答「Yes」。而事實上，優於平均水準的人只占全體的一半，所以許多人都過度自信了。

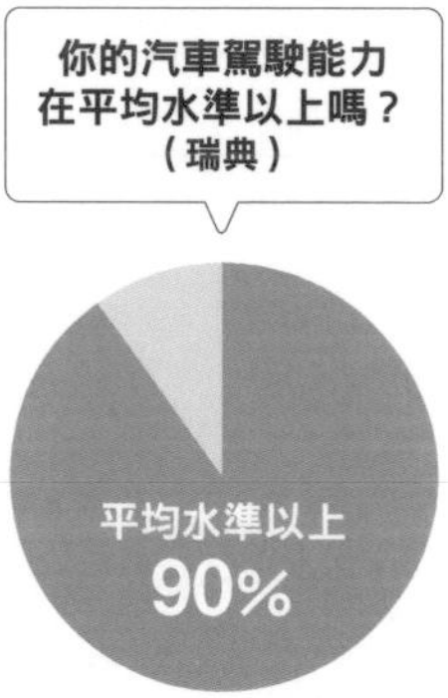
你的汽車駕駛能力
在平均水準以上嗎？
（瑞典）
平均水準以上
90%

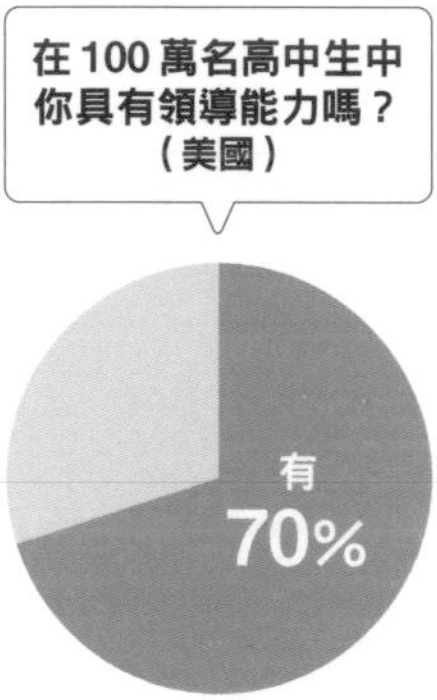
在100萬名高中生中
你具有領導能力嗎？
（美國）
有
70%

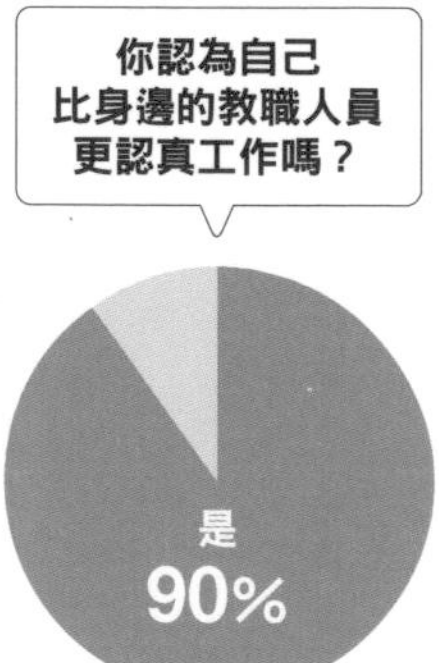
你認為自己
比身邊的教職人員
更認真工作嗎？
是
90%

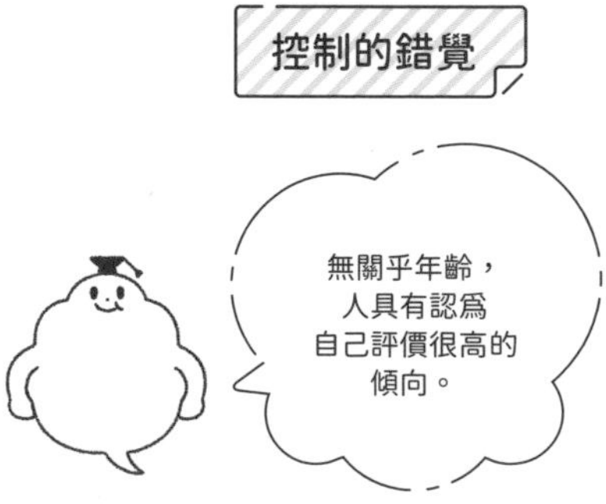
控制的錯覺
無關乎年齡，
人具有認爲
自己評價很高的
傾向。

當人認為自己的能力很強，相信自己連不可能的事都有能力控制時，便會無法正確判斷事物的風險，所以很危險。

能力低下的人對自己很寬容

對一件事還不熟練時，只要稍微有點進步就會過度自信。之後透過與四周的人比較，了解到自己能力不足，然後隨著能力進一步提升，才慢慢能夠正確地評價自己。使用鄧寧-克魯格的曲線就能看出一個人如何自我評價。

鄧寧－克魯格效應

● 鄧寧－克魯格效應的曲線

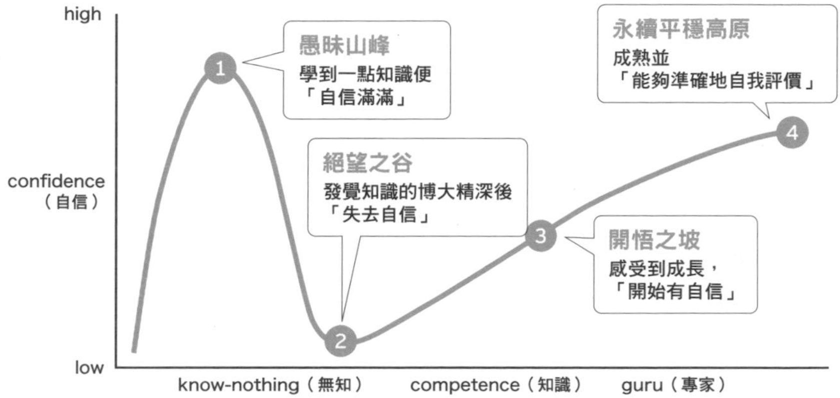

出處：http://commons.wikimedia.org/wiki/File:Dunning-Kruger-Effect-en.png

1. 起初稍微學到一點知識時，以為自己好像完全理解了，覺得「我很優秀」，充滿自信。又稱「愚昧山峰」。
2. 再多學習一點後，了解到整個知識的龐大，覺得「自己還差很遠」，失去自信。又稱「絕望之谷」。
3. 進一步學習之後，確實感受到自己的成長，覺得「我有點懂了」，並開始產生自信。又稱「開悟之坡」。
4. 更進一步學習後，熟稔知識，知道自己擅長什麼、不擅長什麼，開始能正確地自我評價。又稱「永續平穩高原」。

想了解更多

當人握有控制權，就會覺得有精神！

研究人員在養老院進行了一項實驗，藉以驗證「控制的錯覺」。他們將入住的高齡長者分成2組，一組可以自己決定房間內的家具布置、星期幾看電影等。另一組全部由養老院院方決定。這種狀態持續一段時間之後，結果前者的高齡長者感覺自己很快樂、活躍，健康情況也有所改善。而且這個效果持續很久，並非暫時性的。感覺一些事情在自己的控制中，會對人的精神和肉體帶來良好的影響。而且會讓人能用積極的眼光看待事物。

實驗結果的圖表刊載於第153頁。

07

以馬後炮為自我辯護

KEYWORD ≫ 後見之明偏誤

事後主張「我就知道會這樣」

我們有時會看到那些從小就認識知名成功人士的人說：「我以前就覺得他會成功。」像這樣**在事情發生後，或是知道最後的結果之後，以為自己預見了此結果的心理**，稱之為「後見之明偏誤」。和其他心理偏誤一樣，受到「後見之明偏誤」影響的人也沒有自覺。真心相信「果然！我一開始就知道會這樣」。一些研究深入探究其中的原因，目前已知，人會以符合自己需要的方式變造事前對結果預測的記憶。認為自己的預測比實際更正確。

社會上充斥著「後見之明偏誤」

批評某人過失的人如果是受到「後見之明偏誤」的影響，就會很麻煩。因為他會無理地怪罪別人，像是「我早已預料到結果」、「任何人都預料得到」等。

課長
部下
一定有一些徵兆才對。
課長，對不起，已經取消了。
我總覺得有種不好的預感。
咦？
我一直擔心事情會變成這樣……
……
後見之明偏誤
事後評論，要怎麼說都行。

無意識的馬後炮是因為想緩和一下情緒

當自己支持的隊伍在運動比賽中落敗，我們有時會說：「我本來就知道會輸。」這不一定是嘴硬。而是試圖安撫未能預料到結果的自己，以及減輕心理傷害。

棒球 **支持的球隊輸球**

- 失誤很多，早就知道會這樣
- 覺得換投手的時機不對
- 一直覺得第四棒打不出去應該換人
- 打從教練人選確定時，就一直對他的指揮有疑問

‖

為了減輕心理傷害，藉由說出
「我就知道會有這樣的結果」來「自我辯護」

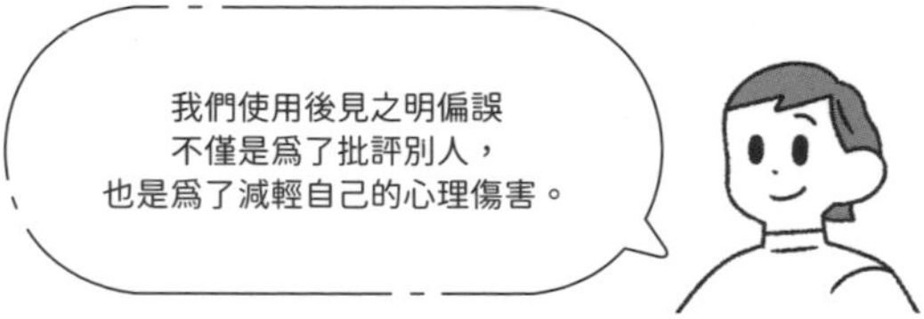
我們使用後見之明偏誤
不僅是爲了批評別人，
也是爲了減輕自己的心理傷害。

人在知道結果之前和之後，也許可以看作兩個人。人一旦擁有知識，便會漸漸忘記無知時的自己。

想了解更多

失敗時最優先要考慮的是什麼？

最近媒體報導稱，日本得了「萬一發生什麼事要怎麼辦症候群」。認為當今日本人過度嚴肅看待風險，只會採取極度迴避風險的行動。就結果來看，社會發展停滯，個人的可能性受到限制。此症候群一旦蔓延，願意冒險挑戰的人將愈來愈少。同時可以預料到，譴責挑戰失敗的人會大量出現。這時批評的人，心理上肯定存在「後見之明偏誤」。不自覺地相信自己是對的並攻擊別人的人，甚至可能成為社會危害因子。

08

KEYWORD ≫ 辨識捷思

肯定自己熟悉的人事物

經常看到聽到的事物可讓人放心

愈是需要做出艱難決斷、迅速得出結論的時刻，人愈會依賴感覺——「捷思」進行判斷。其中之一的「辨識捷思」，指的是**相較於初次聽聞的事物，人會對已知的事物給予更高評價的心理現象**。

舉例來說，有些人會認為比起新學校，廣為人知的學校的學生比較優秀。此外購物時，當多種品牌的相同產品排放在一起，多數人應該會選擇自己知道的品牌。這些都是受到「辨識捷思」的影響。

距離近不見得就值得信任

在股票投資方面，一般人也經常會以是否聽過那家公司作為購買股票的判斷依據，而非對股價的正確預測。往往會避開不熟悉的外國股票。

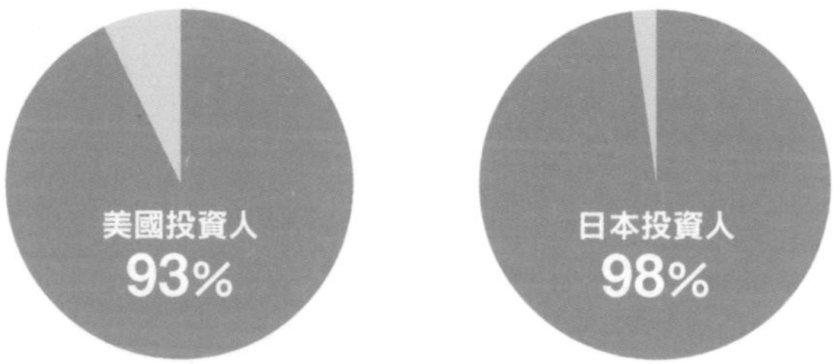

投資美國的企業　　投資日本的企業

距離近，所以感覺親近
自以為很熟悉的公司

||

認定它值得信任

辨識捷思

即使是國內的股票，也傾向於選擇知名度高的企業。多數人都相信，自己熟悉的公司的股票會上漲。

肯定自己熟悉的人

要公正地評價一個人並不容易。愈是困難的判斷，愈容易受到「辨識捷思」的影響。由於評價別人伴隨著重大責任，因此我們理當有意識地排除心理偏誤。

● 挑選舞台劇主角

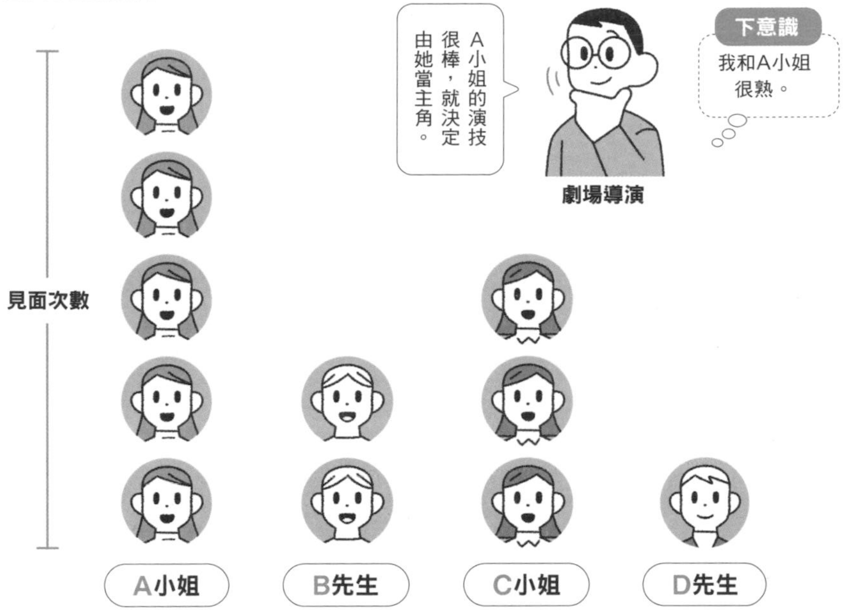

以一般公司的例子來說，即便在職場上，上司在評定部下的表現等時候，也會傾向於給自己熟稔的部下較高的評價，要注意。

想了解更多

避免因辨識捷思對他人產生錯誤的評價

要注意的是，受到「辨識捷思」影響所做的判斷並不一定100%錯誤。有一項實驗分別問美國學生和印度學生，美國的城市聖安東尼奧和聖地牙哥哪一個人口比較多。正確答案是聖地牙哥，結果美國學生有62%答對，印度學生則是100%答對。一般認為，之所以出現這個結果可能是因為印度學生不太知道聖安東尼奧這個城市，所以才會簡單地推斷，回答時常聽到的聖地牙哥人口比較多。

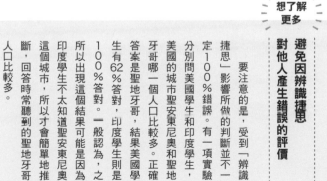

09

後悔沒有採取行動

KEYWORD » 避免後悔

試著回想一下自己後悔沒做的事

人會盡可能地迴避損失。而且，**不僅迴避眼前的損失，還會預測將來可能出現的損失，採取避免它發生的行動**。這就是「避免後悔」的心理。當人感到後悔時，是事後去想像當時如果做了不同的選擇會不會比較好，因而產生不愉快的感受。這時除了損失，又加上對自己做出這項決定所感到的責任，於是心生自責。所以，精神上的傷害會比單純的損失更大。不過，過度避免後悔的結果，可能會導致非理性的判斷，造成更大的損失。

長遠來看，不作為會留下更深的遺憾

後悔有2種，為避免沒行動使自己後悔，在採取行動後所產生的「作為的後悔」；和為避免行動後造成損失而未採取行動所產生的「不作為的後悔」。

● 避免因未行動而後悔（作為的後悔）

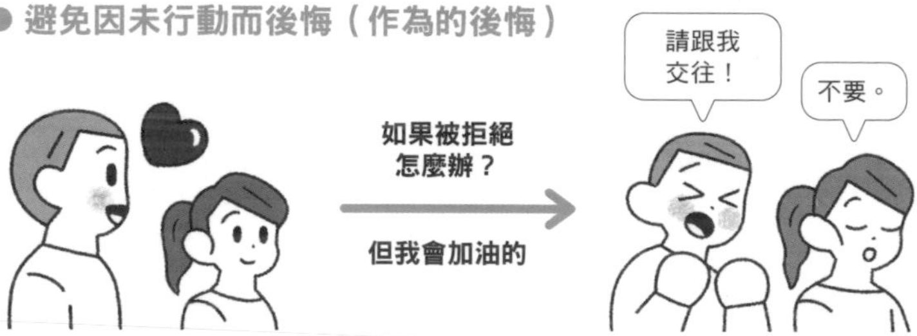

請跟我交往！
不要。
如果被拒絕怎麼辦？
但我會加油的

A小姐好可愛

早知道就不表白了

● 避免行動後覺得後悔（不作為的後悔）

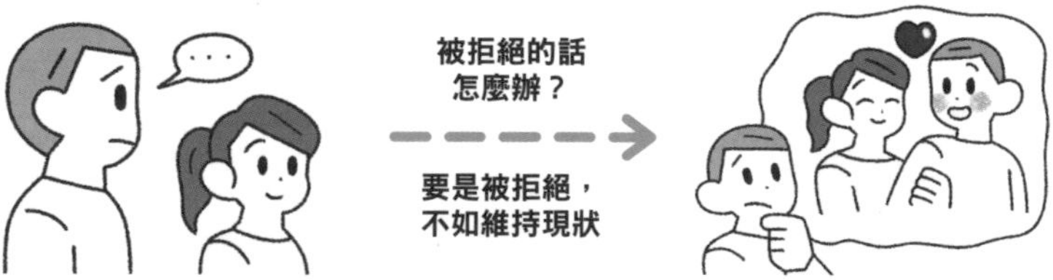

…
被拒絕的話怎麼辦？
要是被拒絕，不如維持現狀

A小姐好可愛。可是我不敢表白

如果有表白，說不定會很順利

檢討後悔的原因，並從中獲得教訓等，將慢慢減輕對於那件事的遺憾。

許多人都有「不作為的後悔」的經驗

關於近期所發生的事，作為的後悔比不作為的後悔更令人難忘。因為更容易想像「如果我沒那麼做的話」，也容易產生遺憾。

避免後悔

問題1 上週有沒有後悔的事？

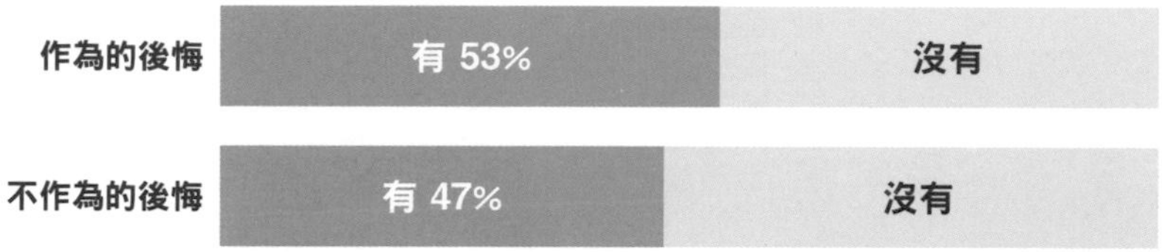

問題2 人生中有沒有後悔的事？

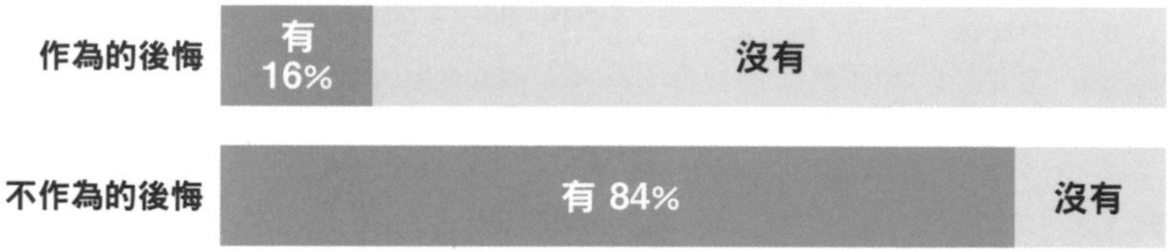

不作為的後悔是得不出答案的，因為即使去想「要採取行動的話應該做什麼」，也可能有各種正確答案。於是會一直為此煩惱，所以才會長久留在記憶中。

想了解更多

避免後悔

「避免後悔」發揮作用的典型案例就是網路拍賣。舉例來說，假設有人把很難買到的絕版書或是CD等放上網路拍賣。你認為「這次沒標到也許就沒有下一次」，於是出高價競標。這時如果其他投標者用更高的金額競標，而你不管它的話，就會失去那項商品。當你想像屆時內心的懊悔，「避免後悔」的心理便開始產生作用，最後以超出預算的金額得標。因此試圖避免將來「未能競標成功」時的遺憾，最後可能導致巨大損失。

大獲成功的「Got Milk?」廣告

提高時間折扣率，使牛奶的消費量增加

由於受到「時間折扣」的影響，人會想要眼前的東西。因為比起將來才擁有，不如現在就擁有更有價值。美國的加州在截至1993年為止的10年間，牛奶的消費量持續地減少。這時廠商推出「Milk Does a Body Good（牛奶有益健康）」的廣告，讓人們理解牛奶擁有很高的營養價值等，但仍然止不住消費量的下滑。於是廠商便改用「Got Milk（你有牛奶嗎？）」的廣告，讓人感覺「現在就要喝」牛奶。結果，牛奶一年的消費量增加了約2000萬公升，零售額也成長了大約1300萬美元。

不願意為了將來好就喝牛奶

儘管喝牛奶有益健康，但並沒有立竿見影的效果。不想為了未來的健康特地喝牛奶是許多人的想法。

加州牛奶協會的「Milk Does a Body Good（牛奶有益身體）」的廣告 ➡ **銷售額沒有成長**

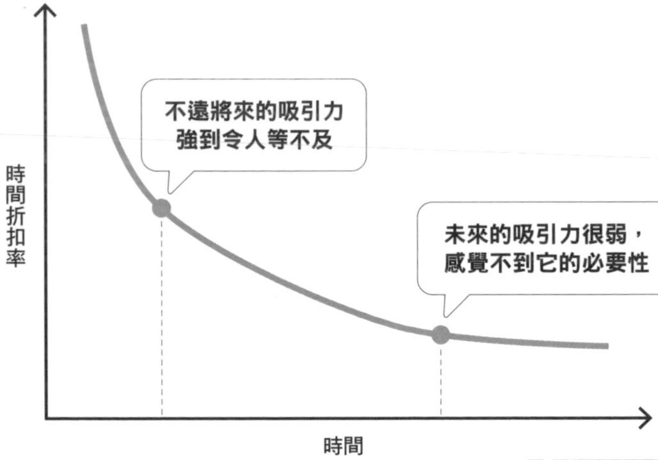
不遠將來的吸引力
強到令人等不及
未來的吸引力很弱，
感覺不到它的必要性
時間折扣率
時間

時間折扣

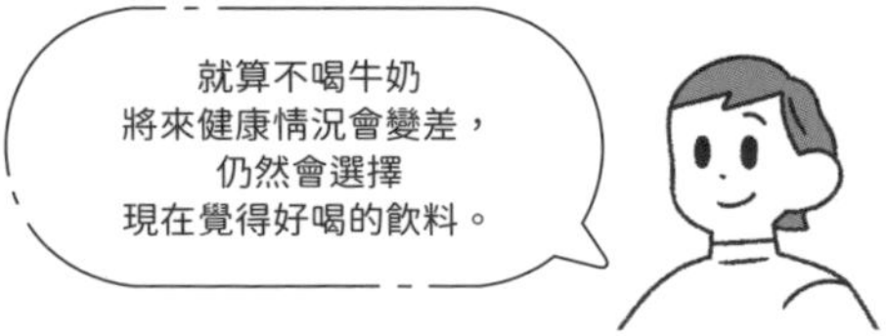
就算不喝牛奶
將來健康情況會變差，
仍然會選擇
現在覺得好喝的飲料。

一旦受到「時間折扣」的影響，將來能獲得健康的重要性便感覺價值很低。

利用「Got Milk？」廣告讓牛奶銷售量成長

美國廣告公司GS&P在1993年製作的「Got Milk？（你有牛奶嗎？你有喝牛奶嗎？）」廣告中，描繪了諸如塞滿一嘴甜點等，任何人都會「立刻想要喝牛奶」的情境。

在醫院裡，全身打石膏而無法說話的主角，嘴裡乾巴巴地吃著別人送的餅乾。他看得到旁邊的人正在喝牛奶，卻無法傳達想喝的欲望。

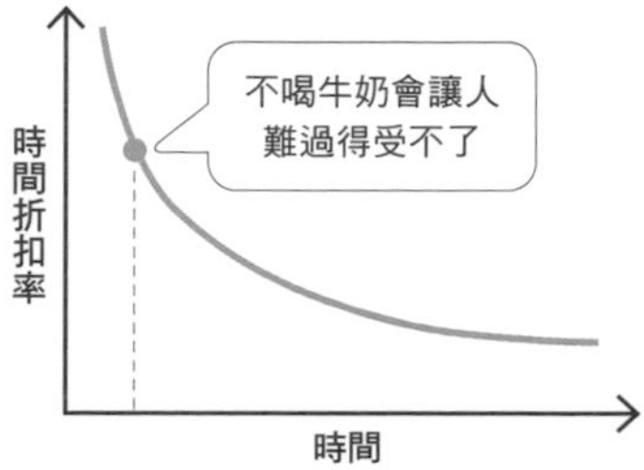
不喝牛奶會讓人難過得受不了
時間折扣率
時間

收到空服員遞來的餅乾後，機師手握著操縱桿試圖降低機頭，好讓機內放有牛奶的推車滑近自己。

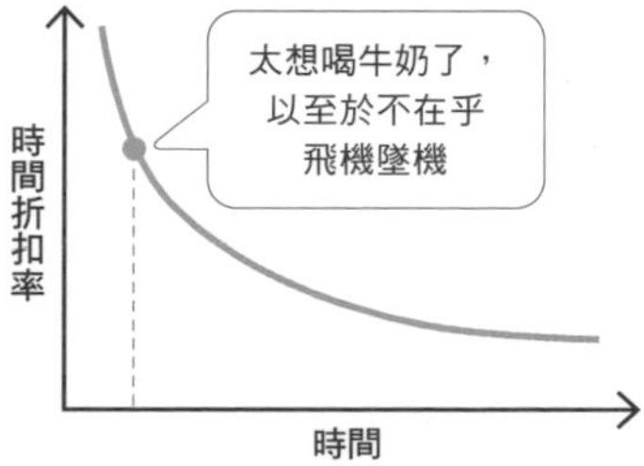
太想喝牛奶了，以至於不在乎飛機墜機
時間折扣率
時間

2則電視廣告都鮮活地描繪了想喝牛奶的情境，最終卻沒有喝到牛奶的滑稽模樣，藉以製造幽默效果。

➡ **牛奶的消費量停止下滑，銷售額轉為增加**

想了解更多

「Got Milk?」廣告成功的關鍵

這一系列廣告使得長期持續下滑的牛奶年銷售量，從大約28億公升成長為29億公升左右。不但如此，更囊括了坎城國際廣告節、克里奧國際廣告獎等多項世界最高等級的廣告獎項。廣告中描繪了出場人物「現在就想喝牛奶」的情境，讓觀眾感同身受，覺得「現在不喝牛奶的話真的很難受」。由於廣告描繪的是「現在喝，現在就能獲得好處」，而不是「現在喝，未來將有好處」，因此可強烈凸顯出牛奶的好。一般相信，這種符合「時間折扣」心理的手法，正是這一系列廣告成功的祕訣。

11

讓人容易選擇你期望的選項

KEYWORD » 初始值效應

一個小動作讓人不再變更

新手機和電腦一開始就內建了各種應用程式。放著這些程式不管便會浪費記憶體的空間，但是應該很少人會把不需要的應用程式一個一個找出來刪除吧。多數人想都不想就直接使用。這有許多原因，例如：下意識地認為這是廠商推薦的初始設定、擔心變更會造成損失、單純覺得很麻煩等。像這樣，人的選擇和行為受到預先設置的初始設定左右的傾向，稱為「初始值效應」。也有人認為它與試圖維持現狀，避免情況變得未知的「維持現狀偏誤」很相近。

把希望別人選擇的選項設為初始設定

網路購物公司想要藉由增加電子雜誌會員來促進銷售。為此，他們嘗試將購物後的畫面設定成勾選「希望收到電子雜誌」的狀態來促使購買者同意。

● 網路商店的網站

如果不想收到
相關優惠資訊的話，
請清除下面☐裡的✓
如果希望收到
相關優惠資訊的話，
請在下面的☐裡打✓
覺得麻煩，
所以沒勾選
還要消除，
很麻煩耶～

當「初始值效應」發生作用，人便會刻意不變更設定，接受初始狀態。結果可能會收到大量的廣告郵件。

器官捐贈的意願表達會受「初始值效應」影響

表達同意器官捐贈的卡片也會受到「初始值效應」的影響。在初始設定為「同意」的國家，同意率很高，初始設定為「不同意」的國家，同意率則很低。

同意的人請簽名
簽名
真麻煩～
不同意器官捐贈
不同意的人請簽名
簽名
沒什麼關係，就這樣吧～
同意器官捐贈
若有不想捐贈的器官請打勾
簽名
雖然我不太清楚，不打勾也沒關係吧～
同意器官捐贈

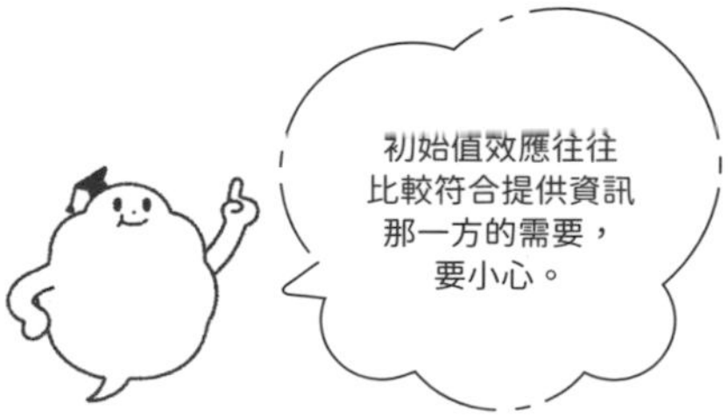
初始值效應往往比較符合提供資訊那一方的需要，要小心。

利用「初始值效應」可以誘導人進行選擇。重要的是，要人做選擇的一方不該濫用它，而選擇的一方要依照自己的意志去選擇。

Q 有時會感到淡淡的悲傷，覺得還是泡沫經濟時代好。

每次看到薪資明細便感到有點惆悵，覺得泡沫經濟時代真不錯。只有我會這樣想嗎？

（59歲，男性，上班族）

A 人在判斷一件事時，會下意識地設定一個數值，然後在不偏離那個設定值的範圍內進行調整，再下最終的判斷。這種傾向稱為「錨定效應」。和下了錨的船不會離錨太遠一樣，人的判斷也無法偏離設定值。愈困難的判斷，像是自己幸不幸福之類，愈有可能受這種心理偏誤的影響。首先要自覺自己受到「錨定效應」的影響。之後再有意識地試著細數現在可以讓自己感到幸福的事，如何？我認為，保持覺得自己很幸福的心理狀態比什麼都重要。

➪P.56

Q 不想把錢花在衣服上，但如果是書，就會毫不猶豫地購買。這是為什麼呢？

我捨不得花2000元買衣服，但如果是書，我就會毫不猶豫地買下手，有時一下子加起來就快要2000元。為什麼有些東西會讓我想花錢買，有些卻不會呢？

（35歲，男性，上班族）

A 人會不自覺地在心裡，依照來源和用途區分自己的錢。宛如心裡有好幾個不同的錢包似的。舉例來說，旅行時買紀念品毫不吝嗇，也是受到這種心理的影響。一般來說，「旅行紀念品用的錢包」是關不緊的。想必你心裡和衣服有關的錢包關得很緊，而有關書的錢包則關不太緊。也有可能你不自覺地認為閱讀是為了獲取知識的「更高層次的花費」。如果你對結果很滿意或沒有任何不滿，不妨就維持現在這樣吧。不過，對自己的消費習慣有所自覺是件好事。

➪P.64

Chapter

5

「Nudge」被用在這種地方

「Nudge」直譯是「用手肘輕觸」的意思。
Nudge是一種運用心理偏誤的理論
設計而成的「機關」。
讓我們來看一些不用強迫方式，
可以在不知不覺中促使人依照自己的期望
採取行動的例子。

01

不知不覺地增進健康

KEYWORD » 推力

不知不覺地做著有益健康的事

美國知名經濟學家理察·塞勒（Richard Thaler）等人以提倡行為經濟學的重要理論「推力」，獲得了2017年的諾貝爾經濟學獎。「推力（Nudge）」直譯是「用手肘輕觸」的意思。這是**不禁止、不強迫也不給予獎勵，不妨礙任何人的選擇自由，利用巧妙的手法和設計將人的行為導向更好的方向**。「推力」被運用在各種不同場面，讓人能自發性地做出良好行為。雖然理智上知道，但實際上無法有所行動的增進健康方面，也使用了「推力」。透過一些能讓人不自覺採取行動的設計或提供樂趣等，鼓勵人採取有益健康的行動。

利用讓人忍不住想走路的階梯消除運動不足

2009年瑞典的奧登普蘭地鐵站進行了一項實驗，將站內的樓梯設計成鋼琴鍵盤，只要踏上樓梯就會按照音階發出鋼琴聲，結果使走樓梯的人增加了66%。

這是訴諸人們想要玩樂的潛意識欲望，藉此來鼓勵有益健康的行爲。

推力

推力是一種「機關」。利用前面介紹的心理偏誤的「理論」，製造出各式各樣不同的「推力」。推力就是利用各種設計來誘導人的行為。

日常生活中增進健康的推力

透過均衡飲食和運動來管理健康的好處，任何人都能理解。可是要真正做到並不容易。推力在「增進健康」方面也能派上用場。

● 記錄自己的體重以強化意識

日期	1	2	3	4	5	6
體重（kg）	58	59	60	59	59	61

60

量體重能看到體重的增減，
讓人可以管理體重

只要事情一麻煩，
人就會放棄，
所以方法簡單這點
很不錯。

透過飲食紀錄可以認知到自己以前不知節制的事實。因此，這是一種讓人注意到健康的「機關」。

● 讓人不容易取用高熱量餐點的西式自助餐

高熱量的餐點擺遠一點

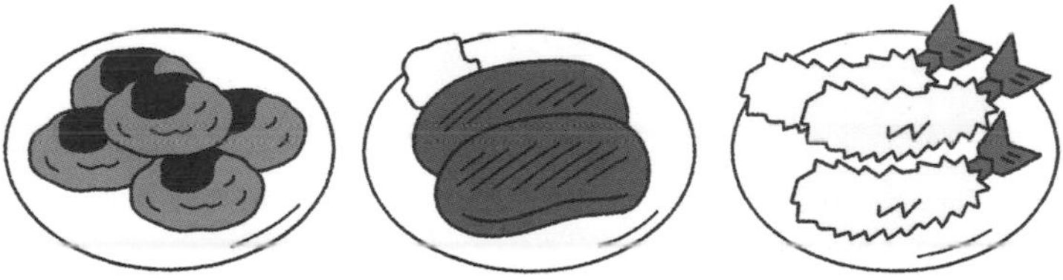

方便取用蔬菜和水果

還有一些員工餐廳會讓人不自覺地取用有益健康的餐點，藉以降低熱量的攝取，而不是愛吃多少就吃多少。

02

KEYWORD ≫ 推力

推力使城市和公共設施變乾淨

推力會讓人的行為產生這樣的改變

如果所有人都確實遵守公共禮儀，城市和公共設施自然能保持乾淨，但現實並非如此。人不同於機器，並非完美無缺。**有缺陷、不理性、有弱點，有時還會做出違反禮儀的舉動。**肯認這些符合人性的真實行為，即是行為經濟學的基本思想。就算訴諸良心，傳遞一些像是嘮叨的口號，城市和公共設施也不會變乾淨。以此為前提，引導人往好的方向走的就是「推力」。只要準備一些經過巧思設計的機制，就能夠減少負責清掃和管理的人或團體的麻煩和成本，使用者也能用得舒適。

史基浦機場讓廁所變乾淨的推力

在阿姆斯特丹的史基浦機場，男用小便斗中繪有看似自然存在的小黑蠅。使用者會不自覺地想瞄準那小黑蠅。

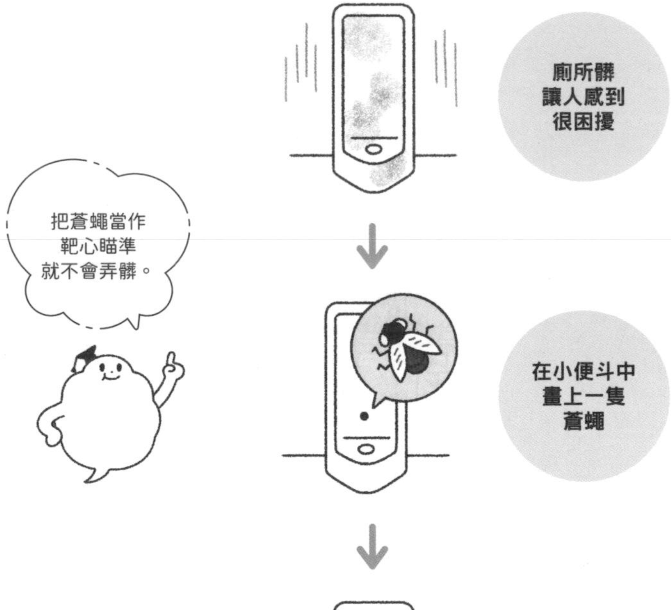
廁所髒
讓人感到
很困擾
把蒼蠅當作
靶心瞄準
就不會弄髒。
在小便斗中
畫上一隻
蒼蠅

弄髒的情況
變少，清潔費
減少8%

這是非常簡單的機制，但據說因尿液飛濺而弄髒小便斗的機率減少了80%。據估計，機場廁所的清潔成本下降了8%。

「好玩」改變了人的心情，使城市更加乾淨

人即使知道是對的事，但只要被強迫就會想要反彈。加入遊戲的感覺，誘導人們往好的方向走，城市就會變乾淨。

● 利用投票形式減少隨手亂丟菸蒂

A
B

帶有一點樂趣，可以用菸蒂支持自己喜歡的球隊。「別人投票，我也要投」的「從眾效應」也發揮了影響。

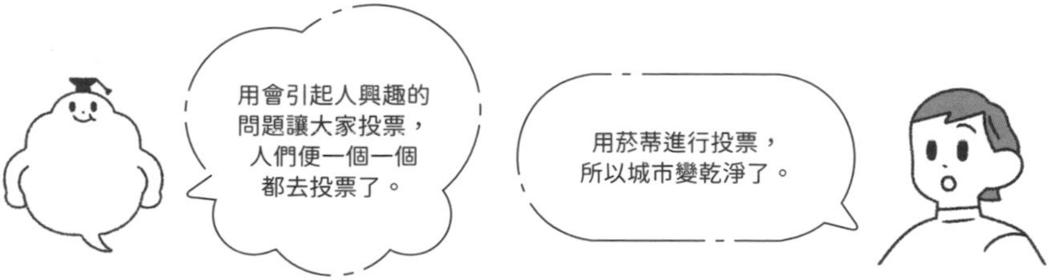
用會引起人興趣的問題讓大家投票，人們便一個一個都去投票了。
用菸蒂進行投票，所以城市變乾淨了。

● 把垃圾筒做成籃球框

這樣會讓人想以射籃的心情確實做好垃圾分類。

即使是不在意垃圾分類的人，最後都做出讓現場環境變乾淨的舉動，這就是「推力」的效用。

03

KEYWORD » 推力

公共政策中的推力

公共機關也會使用「推力」

「推力」在公共政策上也取得了成果。傳統的政策是以國家或地方政府發布通告的形式，要求人民遵守法規，只要配合國家或地方政府的期望採取相應的行動，便會發放補助款。另外，抵減稅金這類的方法也十分常見。如果這些方法都不管用的話，就會使用「推力」。其中一個例子是鼓勵節能。即使發送上面寫著「讓我們節約用電」的傳單，結果也是遭到忽視。在美國能源公司利用「推力」的實驗中，**透過圖表顯示出住戶的「用電量超出鄰居很多」此一事實，同時告知省電的方法，結果住戶便自動自發地節約用電**。

利用推力使所得稅繳納率上升

有人即便認為繳稅很重要，仍然會拖延或忘記繳稅。如果利用「從眾效應」、「利他性」等「推力」，國家和地方政府的負擔就會減輕。

繳稅期限已過，
請您盡快完成繳納。

催促繳納的
通知

↓ 未繳稅

再度發出
強調從眾效應
和利他性的
通知

民眾繳納的稅金
用於這種地方。

當想為他人的幸福和利益盡一分力的「利他性」心理起作用時，就會透過繳稅貢獻社會。

絕大多數人
都在期限內繳納。

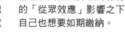

在想和其他人採取同樣行動的「從眾效應」影響之下，自己也想要如期繳納。

↓

繳稅

只要想到繳稅
會對這些地方
有所助益，
應該就會願意
繳納了。

聽到絕大多數人
都在期限內完成繳納，
便會覺得自己也必須繳納。

為了讓人配合節能措施

「Cool Choice民眾意識宣導活動有關『推力』的運用2021」中，針對參觀節能屋的民眾進行了「感覺自己也能打造環境共生型住宅」的意見調查，並在選項中加入一條：「進行老屋翻新時想要使用隔熱材料」。

環境意識
提高了呢！

在回答問卷的過程中，人會思考自己能做什麼，同時有更多人會選擇與環保行為有關的選項。

利用腳印符號讓人保持社交距離

新冠肺炎流行當時，即使透過各種媒體告知大眾保持社交距離的必要性，但人們動不動就會忘記。

STOP!
STOP!
STOP!
只是畫出腳印圖，
就能讓大家自動
保持距離。

想了解更多

在公共場域也會利用人們的利他性心理

「推力」不會使用稅金、罰款、獎勵這類含有強制性的機制。而是徹底重視人的自由意志。許多人對於到醫療機構接受檢查，同樣以麻煩之類的理由將它推遲。即使不接受檢查可能有害當事人的健康，但強制接受檢查並非「推力」。自始至終都鼓勵人依自由意志接受檢查才是「推力」。就算結果檢查出當事人生病了，強制檢查仍然不算「推力」。這套思維模式是，就算你做出錯誤的選擇，仍然可以保有那樣選擇的自由。人是不完美的動物。要以此為前提，鼓勵人採取更為正確的行動。

04

KEYWORD ≫ 推力

成為一個能夠做出理想行為的人

不費力地改變人的行為

「推力」主要有4種引導人做出理性判斷的模式。第一種是「選項結構化」，透過簡化選項促使人採取行動。**因為當選項太多時，人會放棄選擇。**第二種是「設定預設值」，事先將自己期望的選項設置成初始設定。**人往往會接受初始狀態，避免變更最初的設定。**第三是「回饋」，**對於做出某些行為的人，依其行為內容予以回應。**第四是「激勵」，**建立做出特定行為時會得到好處的機制，促使人不自覺地做出那項行為。**

想存錢，但一不小心就花掉

自動將部分薪水轉為儲蓄的財形儲蓄制度；使用電子支付時，自動將尾數存起來的機制；走路步數可以換算成金額自動存起來的應用程式等，都應該可以看作是「推力」。

信用卡　　現金　　智慧型手機

只要手邊有就會使用

↓

設計一個不知不覺把錢存下來的機制

財形儲蓄　　定期儲蓄　　存50元硬幣

存零錢　50元－  35元＝15元

咖啡

步數存錢　走1000步就存20元

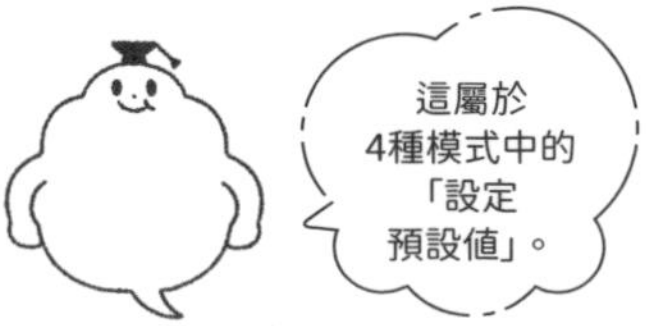

只要把存錢這件事設置成「初始設定」，就能在沒有存錢的意志力，甚至是不知道自己正在存錢的情況下把錢存下來。

有助於成為理想的自己

人有各式各樣的理想，例如：想預留讀書的時間、想過規律的生活等。利用「推力」可以建立機制，幫助你成為理想中的人。

● 想戒菸

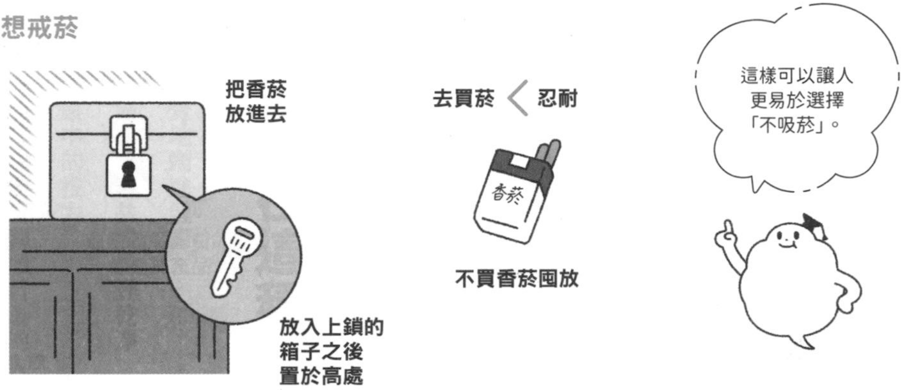

假使突然說戒就戒很困難，可以想到的方法包括：把香菸放在拿不到的地方；不囤放，要特地去買，否則沒菸可抽等。

● 無法專心準備資格考試

每天坐在書桌前 → 每天翻開講義 → 每天解5題 → 每天K書1小時

即便是很簡單的事，真切感受到「今天我靠自己的意志做到了」所產生的自信，對自己將是一種「激勵」。

想了解更多

SDGs與推力

行為經濟學是一門重視人的不理性的學問。在行為經濟學短暫的歷史中，「推力」是相對比較新穎的概念。是有助於所有人得到幸福的力量。目前「推力」之所以受到全世界的關注，據信與全球價值觀的巨大轉變有部分重疊。以全球價值的趨勢來看，其中一個例子就是SDGs。它是為了建立一個永續發展的社會，試圖解決世界各地共同存在的環境問題、歧視、貧窮、人權問題等課題。為此，人原本就具有的「社會偏好」心理很重要，並且可能需要利用「推力」來促使人採取行動。

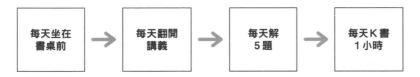

用好的「選擇」創造充滿活力的人生

「選擇」這種創造性行為

當我們談到創造性作業時，往往會以為那是無中生有的行為，其實不必然是如此。

小說等文字創作是一連串的詞語選擇。舉例來說，當你想要傳達「豐」這個字的意思時，有許多選擇，如豐潤、豐富、豐饒、大量、富裕等。將最適合的詞語連接起來就成為一部作品。作曲也是一樣。不是從零開始創造，而是在現有的音符中做選擇。要使用哪個音、長度多長、如何銜接，逐一選擇的結果，一首曲子於是誕生。

美國哥倫比亞大學的行為經濟學家希娜·艾恩嘉教授在自己的著作中談到：「選擇是一個創造性的過程，人是透過選擇建構自己的環境、生活和自己。」創造可以看作是一種有意圖的選擇行為。

日常中的創造性選擇

或許有許多人認為，創造一項事物的行為是萬中選一的人所做的事，與自己無緣。不過，「創造屬於自己的美好生活」是任何人都感興趣，並且實際會做的事。所有人都是一邊生活一邊做選擇。要從事什麼樣的工作、住哪裡、晚餐要吃什麼、如何度過週末，諸如此類全都是選擇。如果這些選擇都很好，自然會有美好的生活。

行為經濟學之於選擇的好處

日常生活中最頻繁且重要的選擇就是購物。各位生活周遭的物品幾乎全都是在購物中選擇的結果。然而，各位真的思考過自己想要什麼，並選擇自己想要的嗎？

各位也許都被迫買了賣家想賣的商品，而非自己想要的商品。有「被賣家誘導選擇」的可能性。我在本書中講解了許多這類非理性的選擇。有了這些知識，在進行選擇時就不會受到別人控制，而能創造對自己來說最好的生活。

購物使人快樂

購物不僅是花錢買東西的行為。使用自己所選擇的物品和服務，與它們一起生活，可以讓你的生活變得豐富且充實。

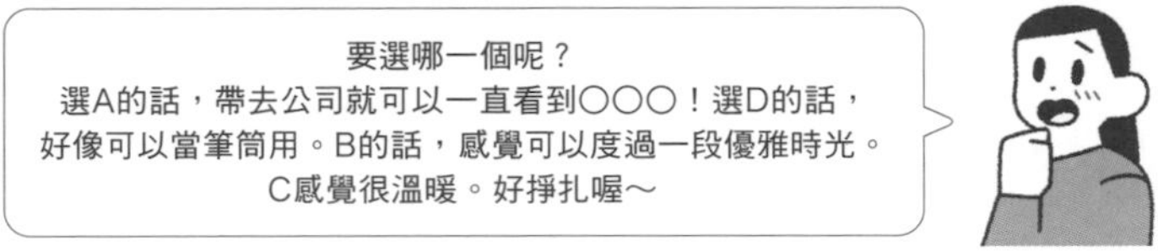

當人有控制權就會生氣勃勃

讓我們透過圖表來看看P.131介紹的實驗。1976年美國一家養老院將入住的高齡長者分成2組，一組給予行動選擇權，一組沒有選擇權，讓他們度過一段時間。結果，可以自由選擇的前者變得健康又有活力。

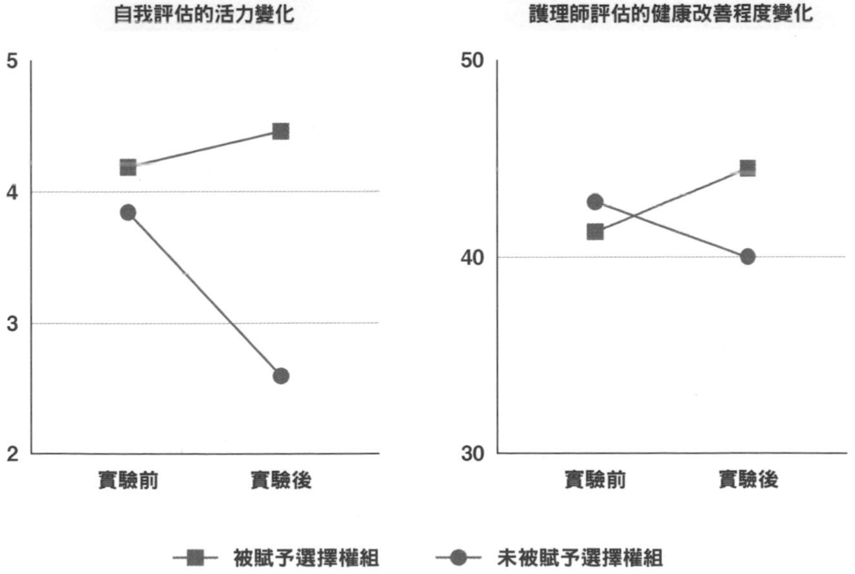

珍視人不完美那一面的學問

人的不理性是一種惡嗎？

行為經濟學揭示了人在下意識所做的選擇和判斷的錯誤。不過，它並非一門旨在揭露人的非理性的學問。而是以現實中人的思考存在偏見和慣性為前提，試圖將人的選擇、判斷和行為引導到更理想的方向的學問。可以說，其根本思維是「人是不完美的動物」，這不同於傳統的經濟學。

諾貝爾獎學者與相田光男

日本詩人同時也是書法家的相田光男，用獨特的字體書寫簡短質樸的話語，受到許多人喜愛。著名的作品有：「跌倒／有什麼關係／你也是人啊」。因提倡「推力」而獲得諾貝爾經濟學獎的理察·塞勒據說是相田光男的粉絲。在他訪日時，甚至還去造訪「相田光男美術館」。推力理論旨在促使人自發性地選擇理想的行為，而非強迫性。

相田光男創作的作品，表達出他試圖如實而溫柔地持續關注不完美的人類，此一觀點與行為經濟學家理察·塞勒對人類的看法完全一致。此外，塞勒還舉出了相田光男令他印象十分深刻的一句話：「幸福永遠取決於你的心」。珍視人的自由，同時為了打造更美好的社會而致力於行為經濟學的塞勒，想必與熱愛自由的相田光男之間產生了共鳴。

十分珍視人性的行為經濟學

現在，行為經濟學已為世界各國的政府、自治當局、企業和團體有效地利用。究其原因，首先在於它對解決環境、健康、年金等各種社會問題，以及商品銷售和企業組織的經營等都是有效的解決方案。此外，我認為行為經濟學珍視人性的根本思維獲得牽涉其中的人的共鳴，也是它被如此廣泛運用的原因之一。

人會做出奇怪的舉動

行為經濟學探討的是活生生的人。既可能出錯，也可能不計得失地犧牲自己，而不是像一台機械般理性地運作，有效率地獲取經濟利益。

為了對自己有利
總是做出理性的判斷
在特賣會上買的衣服，
和原本就有的衣服很類似

利用人性改善社會

如實看待人的不理性和脆弱，並以此為前提思考要如何引導他們，這會讓社會變得更好。用其他方法難以解決的社會問題也有望獲得解決。

推力理論最成功的案例（美國）

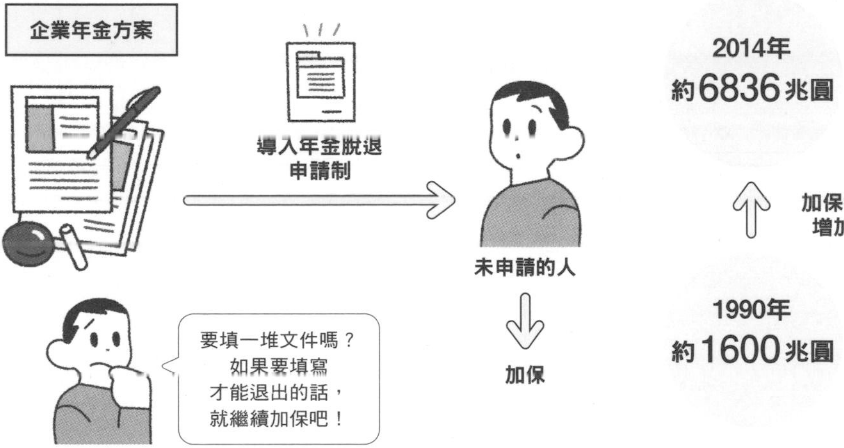

有優點也有缺點的「推力」

推力的危險性

第5章介紹的「推力」，就是施加一點外力或用點巧思來引導人的行為。不過正因為效果大，同時也很危險。只要利用「推力」，就能在當事人沒有意識到的情況下影響他的行為，因此不會受到批評和抵抗。有如從暗處操縱人偶一般，可以操控別人的判斷和行為。難怪會有人利用它來奪取別人的利益，以牟取一己之利。

被濫用的推力「淤泥效應」

像這樣利用人的心理偏誤，以背離初衷的方式欺騙人，藉以獲得不當利益的行為稱之為「淤泥效應（Sludge）」。我們在電商平台上購物後輸入資料時，有時初始設定已被設置成同意追加付費選項和收到電子雜誌的狀態。這就是典型的淤泥效應。另外，簽約後很難取消的網站設計也是一種淤泥效應。

與推力有關的心態

「推力」作為驅動人的一種工具，同樣有優點和缺點。我們當然不能因為「推力」有缺點就不使用它。應該先了解它的優點和缺點再加以利用，而不是因為它有缺點就避免使用它。

更何況在「推力」一詞誕生之前，就已經存在各種形式的「人為誘導」。只是因為最近它被命名為「推力」，效果也顯露出來，才被大量使用。一般認為，今後它會是一種不花成本的解決方法，尤其被運用來解決環境、健康、勞動、金融、保險、治安、安全等各種社會問題。

假使利用「推力」的人能遵守倫理規範，並帶來更良好的行為，那麼利用「推力」將有可能打造一個更美好的社會。

承認個人的自由以誘導出「好的結果」

推力有2種根本思維，即不使用權力強迫他人，不限縮人選擇的自由的「自由至上主義」；以及鼓勵有益行為，減少有害行為的「家長主義」。

自由至上主義

完全自由

家長主義

「知識菁英」、「權勢者」、「父母」干涉小孩和處於被支配地位的人

自由家長主義

在個人自由的前提之下，將個人自由引導朝更好的方向

例

- 老是在吃零食
- 指導人如何均衡飲食
- 引導人盡量做到均衡飲食

自由家長主義和推力也需要小心

有如在背後輕輕推一下、鼓勵良好行為的「推力」，是由2種完全相反的思維所構成。不過，這種構想是建立在很脆弱的平衡之上。

推力 ⟷ **淤泥效應**

推力：利用心理偏誤施加微小的影響，從而引導人朝更好的方向前進 → 解決問題

淤泥效應：利用心理偏誤施加微小的影響來欺騙人 → 不當得利

行為經濟學用語集

讓我們再仔細看看本書中出現的行為經濟學用語吧。

○後見之明偏誤

在事情發生後或知道結果後，認為自己事前已經預見到這個結果的心理。這種心理可能導致人在失敗時，藉由自己的詮釋（例如：雖然知道但弄錯了）將自己的失誤束之高閣。

○錨定效應

在預想不確定的事情時，一開始先設定某個數值，之後經過調整再決定最終預測值的傾向。錨定的錨指的就是船錨，下了錨的船只能在錨鍊的範圍內移動，因而有此命名。

○IKEA（宜家）效應

對於自己實際花費時間和勞力製作的東西具有特別的感情，進而高估其價值的心理。名稱是來自發源於瑞典的家具量販店「IKEA（宜家）」由購買商品的消費者帶回家自行組裝的銷售方式。

○人為推進效應

一旦感覺到自己朝終點前進了幾步，便會更有動力，想要繼續前進的傾向。如果一開始就有進展的話，它會像個契機一樣，使人想不中斷地繼續下去，達到最終的目標。

○誘餌效應

在現有的選項之外，加上一個明顯比既有選項遜色的選項，讓特定的既有選項被人選中的效應。新加入的選項發揮了「誘餌」的作用，提高其他選項具有的吸引力。

○解釋級別理論

人在思考時間上較為遙遠的事物時，會關注更為抽象、本質性、特出的點來進行解釋的心理。反之，對於距離自己較近的事物，則傾向於關注更為具體、表面性、類型上的點。這導致人對於遠期目標會尋求其理想性，對於近期目標則會著重它的可實現性。

○確定性效應

在機率是０%和１００%的情況下，人的反應會變得很敏感的效應。即重視確定（或是相反的，完全不可能）的事。這與「機率加權函數」曲線兩端的「實際發生機率」和「感覺會發生的機率」的差距有關。

○確認偏誤

一旦決定了自己的意見，便只收集支持那個意見的資訊，而忽視反對它的資訊的心理現象。不是根據資訊進行判斷，只用符合自己觀點的資訊當作證據來證明自己是對的。這種心理與自我正當化雷同。

○雞尾酒會效應

即使在四周吵雜的情況下，也能聽到自己需要的資訊的現象。在眾多資訊中選取並接收到必要的訊息。利用大腦可以挑出自己在意之訊息的特性。不僅在聽覺上，視覺上也能產生同樣的效果。

○機率加權函數

這是以「實際發生機率」和「感覺會發生的機率」作為橫軸和縱軸，表示兩者對應關係的函數。如果人是理性的，兩者應該會一致，呈一條直線。但由於人對機率的感受失真，因而會變成曲線。2種機率在達到0%和100%之前背離最大。

○價值函數

這是以人感受到的得失程度為橫軸，對價值的感受（滿足和不滿）為縱軸的函數。圖形顯示出「損失規避」和「敏感度遞減」，前者是損失帶來的不滿，為同樣程度的獲得所帶來的滿足的2倍以上；後者則是得失愈大，曲線會愈趨於平緩。

○貨幣幻覺

即根據表面的價值而非實質的價值來判斷金錢。典型的例子就是，即便物價在通貨膨脹或通貨緊縮的影響下時而上漲時而下跌，導致金錢的實質價值改變，但人們仍舊用表面的金額來判斷金錢的價值。

○報答性

這是不僅在乎自己的利益，也在乎他人利益的「社會偏好」之一。當他人對自己做了什麼時便想要回報，這就是「報答性」。不僅是對於善意的回報，也有對惡意還以顏色的情況。

○情意捷思

事物的好壞、行動的選擇、出現頻率和機率等，這些原本應該理性判斷的事情卻用好惡之類的感受來進行判斷的心理偏誤。比方說，如果喜歡一件事物，就會高估它的好處而低估它的風險；討厭的話則相反。

○敏感度遞減

對於喜悅、滿足或是難過、不滿這類的感受，會隨著程度的增加而變得遲鈍的傾向。如同人會適應光線的明暗、氣味和味道等外在的環境和刺激，在金錢的得失上也會逐漸習慣。

○極端性迴避

在有多個選項的情況下，人會選擇中間選項，而避開極端選項的傾向。典型的例子就是有松、竹、梅3個等級時，人會選擇中間的「竹」，容易膚淺地認為中間的選項最安全、風險最小。

○排擠效應

受到外部影響（外在動機）而失去來自內部的動機（內在動機）。內在動機包括：個人的目標、態度、自豪感、責任感、忠誠等。外在動機包括：金錢的報酬、獎賞、表揚等。

○選擇麻痺

因為選項過多而推遲選擇，或是放棄選擇。由於選項一旦增加，做出錯誤選擇的可能性也會增加，因此為了避免選錯時蒙受損失而發生這種現象。

○現在偏誤

優先考慮眼前利益的傾向。低估未來可獲得的事物的價值，相反的過度高估眼前事物的價值，因而予以優先考慮。這與「時間折扣」的心理有關，也就是人會隨著擁有事物的時間不同而改變對價值的感受。

○維持現狀偏誤

不願接受未知、不曾體驗過的事物，而試圖維持現狀的心理。人會重複習慣的行為，是為了想降低新的舉措可能造成的損失，下意識地規避風險。

○避免後悔

預測將來的結果，為了避免後悔所帶來的不愉快狀態而做出決定。有時是避免採取行動所產生的「作為的後悔」而停止行動，也有反過來為了避免未行動所產生的「不作為的後悔」而採取行動的情形。

○互酬性

不僅在乎自己的利益，也在乎他人利益的「社會偏好」之一。用善意回報善意的舉動，建立互利互惠、相互扶持的關係。這是「正面互酬性」，此外，也有對不正當的舉動給予懲罰的「負面互酬性」。

○控制的錯覺

對於實際上超出自己能力範圍的事，也相信自己能夠掌控、造成影響。近似於過度自信。不過，這種心理也具有讓人可以積極地繼續努力的一面。

○單純曝光效應

接觸到同一個人或事物的次數愈多，對於那個人或事物的好感度和印象就會提升。又稱為「單純接觸效應」。我們會對常見面的人、一再聽到的音樂抱持好感，也是受到這種效應的影響。

○辨識捷思

對於已知事物的評價會高過初次看到、聽到的事物。比方說，認為知名度高的企業所販售的商品品質一定很好，就是出於這種心理偏誤。

○沉沒成本效應

沉沒成本就是過去付出且無可挽回的成本（時間、金錢、勞力等）。在做新的決策時，本應只考慮將來而忽略過去的事，但卻執著於過去投注的成本，這就是「沉沒成本效應」。

○參考點

即衡量人所感受的得利、損失這類心理性價值的基準點。根據偏離參考點的程度來評價事物。根據並非絕對性水準的「參考點」，以偏離它的程度來判斷事物，就是「參考點依賴」。

○時間折扣

認為馬上能得到的報酬更有價值，愈晚得到的報酬則價值愈低。事物的價值像這樣因為取得時機而顯得有所不同，這就是「時間折扣」。與優先考慮眼前利益的「現在偏誤」也有關係。

○社會偏好

不僅在乎自己的利益，也在乎他人利益的心理。例如利他性、互酬性、報答性等，有各種形式。不同於傳統經濟學建立在利己的個人之上，行為經濟學是以這種心理產生作用為前提。

○參照團體

會對人的價值觀、信念、態度、行為等造成強烈影響的團體。個人對某個群體產生心理上的連結並認同他們的規範，那樣的群體就是所謂的參照團體。除了家庭、地區、學校、職場等之外，同一個品牌的使用者也可能會成為「參照團體」。

○初始值效應

人的選擇會因初始設定而改變的一種傾向。人具有容易原封不動地接受初始設定狀態的傾向。這種心理與避免情況變得未知而試圖保持目前狀態的「維持現狀偏誤」相近。

○偏好上升

在認知到事物是一連串現象的情況下，喜歡隨著時間推移而感到更加滿足（或不滿減少）的傾向。這與在一連串的現象中，將適應了初期現象後的下降看作「損失」，因而試圖避免它的「損失規避」心理也有關係。

○小數法則

事情重複很多次之後就會接近理論上的機率，這是「大數法則」，例如：多擲幾次骰子，每個數字出現的機率便會接近⅙。將它套用在次數很少的情況則是「小數法則」。就是把樣本數少的偏頗資訊當作普遍現象。

○初始效應

將資訊並列處理時，對於最初得到的資訊印象最深，進而影響到後續評價的現象。對人、事、物的第一印象會長久留在記憶中，也是受到此種效應的影響。最先顯示的資訊往往最容易記住或深植於印象中。

○虛榮效應

愈多人購買，購買者個人對於那樣商品的需求便愈低的效應。人都有想要與眾不同的渴望，所以有時會對他人所沒有的稀有品、無法輕易取得的物品感到有價值。

○損失規避

人把損失看得比利益重，並試圖避免損失產生的心理。如果有相同程度的失與得，前者帶來的不滿是後者帶來的滿足的2倍以上。為了防止這種不滿產生，人會更加努力地避免損失，而不是得到利益。

○丹尼爾・康納曼

美國心理學家、行為經濟學家。普林斯頓大學榮譽教授。藉由整合心理學和經濟學，建立出一套人在不確定狀況下的決策模型「展望理論」等，留下許多成就。2002年獲得諾貝爾經濟學獎此一殊榮。

○鄧寧－克魯格效應

能力愈低下的人對自己的評價往往會高於實際。原因是無法客觀地評價自己，沒有意識到自己的能力不足。相反的，能力強的人往往會高估他人，對自己的評價則低於客觀評價。

○代表性捷思

認為部分的傾向能代表整體，例如對於顯著的特徵予以過度評價等。像是因為外表是外國人，就認定他會講外語等，用是否接近刻板印象來判斷也是同樣的心理。

○蔡格尼效應
未達成的事和中斷的事比已經達成的事更容易留在腦中，並長久記住的現象。這會讓人想把事情做到最後。在未完成的狀態下，人會一直處於緊繃狀態，所以想要把事情做完，好讓自己能夠得到解脫。

○狄德羅效應
人在獲得未曾擁有且具有理想新價值的事物、人或環境時，便會想要按照新的價值統一相關的事物。買了某個牌子的商品後，便想要湊齊同品牌的其他商品就是典型的例子。

○投射偏誤
在預測自己將來的狀態時，人會受到目前的狀態影響而產生偏差。認定目前的狀態和感受等將來也會繼續維持，不會改變。進而誤認為周遭的人也和自己有同樣的想法，這也是相同的心理。

○推力
Nudge，直譯為「用手肘輕觸」。如同這個動作一樣，它是一種促使人們的行為往更好的方向改變的機制和手法，而不是直接施加外力，例如：禁止選擇、對行為給予獎賞等。

○認知失調
當自己的想法和行為兩相矛盾時，便會產生不愉快的感受和壓力。人原本就會試圖採取一致性的理性行為，萬一出現矛盾就會試圖消除它。這稱之為「消除認知失調」。

○巴納姆效應
認為那種符合所有人、籠統且一般性的性格和特徵描述等適用於自己的心理。血型占卜聽到與自己相同血型的特徵時便覺得那些描述符合自己，就是典型的例子。又稱「佛瑞效應」。

○光環效應
人在評價一件事物時，受到該事物的顯著特徵影響，因而無法冷靜地評價其他特徵的現象。當我們看到好感度高的知名藝人在電視廣告中宣傳某項產品時，便會對該產品產生良好印象就是典型的例子。

○反轉效應
人會因為當前情況是積極正面或消極負面而做出完全相反判斷的現象。在有可能盈利的積極情況下，人會避開風險，尋求穩定的收益。反之，在有可能虧損的消極情況下，人則會孤注一擲，做出危險的決定。

○樂隊花車效應
許多人做出同樣的選擇，因而使得那個選項容易被更多人選擇的現象。這是由想跟上潮流、想加入多數人這樣的心理所引發的。名稱來自於群眾跟隨著邊行駛邊播放音樂的Bandwagon（樂隊花車）行進的樣子。

○峰終效應
人僅憑高峰時刻的印象和最後結束時的感受來判定過去經驗的現象。不論那個經驗花費的時間是長是短，這2個點都會產生強烈的影響。

○促發效應
事前聽過或看過等先接收到的刺激（文字、音樂、影片、影像等）會留在記憶中，影響人對後來刺激的應對，例如：判斷、所採取的相應行動等。詞源是英文的「prime」，當作動詞使用時含有「事前指導」的意思。

○損益兩平效應
在遭受損失時為彌補失去的部分，比平時更積極地承擔風險的心理。一旦發生損失，當那項損失接近零，或由負轉正時，人會比單純獲得利益更加開心。

○框架效應
即便內容相同，人也會做出不同的判斷和選擇。這是對於同一件事物的判斷和選擇，會隨著提示問題與聚焦的方式而改變，進而得出不同結論的一種效應。不過，人多半並不會注意到自己用什麼框架在看事情，甚至不知道所謂框架的存在。

○均值回歸
某項試驗即使得到了偏離平均值的結果（特別好或特別壞），但在反覆進行同樣的試驗之後，結果便會趨近平均值的現象。與進行多次就會接近理論上的機率的「大數法則」相同。

○保險迷思
一旦看到是保險，往往就會購買。只要有「保險」兩字，儘管確定會發生「保險費」這樣的損失，仍然會選擇投保。也可以看作是用「保險」這個積極的手段去對抗風險的舉動。

○稟賦效應
對於一度擁有的東西產生眷戀，感受到的價值高過於客觀評價，不願放手的心理。可以看作是將放手視為損失，擁有即是得利的「損失規避」心理發揮作用的結果。

○心理帳戶
人在有關金錢的決策上，往往不做全面性的理性判斷，而會不自覺地根據來源和用途劃分金錢，並在狹窄的框架內做判斷，甚至改變使用方式。賭博贏來的錢不會存起來，很容易揮霍殆盡的「橫財效應」即是典型的例子。

○利他性
不僅在乎自身利益，也在乎他人利益的「社會偏好」之一。比起自己，更希望他人能夠幸福快樂，即便要犧牲自己的利益，也要試圖為他人謀取利益的一種心理。

○理察・塞勒
美國行為經濟學家。芝加哥大學教授。他提倡促使人採取正確行動的「推力」概念風靡一世，且被廣泛應用於世界各國的公共機構和民間企業的各種活動之中。2017年獲得諾貝爾經濟學獎此一殊榮。

○基於理由的選擇
只因為在選擇和做決定時更容易給出理由便選擇它的傾向，儘管選擇的結果並沒有帶來什麼好處，或是判斷本身存在矛盾。典型的例子有：以「給自己的獎勵」為由，將購買昂貴物品的行為正當化等。

○可得性捷思

認為能輕易想起的事情，或是在記憶中留下深刻印象的事情，更有可能存在、發生機率更高的傾向。這是人從記憶中回想起感覺有用的實例，並據此進行判斷而引發的現象。

索引

参考文献

《行動ファイナンス入門》角田 康夫／ＰＨＰ研究所
《行動経済学 経済は「感情」で動いている》友野 典男／光文社
《選択の科学 コロンビア大学ビジネススクール特別講義》Sheena Iyengar／文藝春秋
《ファスト&スロー あなたの意思はどのように決まるか?》Daniel Kahneman／早川書房
《ナッジ!?：自由でおせっかいなリバタリアン・パターナリズム》那須 耕介、橋本 努／勁草書房
《実践 行動経済学》Richard H. Thaler, Cass R. Sunstein／日経ＢＰ
《予想どおりに不合理：行動経済学が明かす「あなたがそれを選ぶわけ」》Dan Ariely／早川書房
《9割の人間は行動経済学のカモである》橋本之克／経済界
《9割の損は行動経済学でサケられる》橋本之克／経済界
《ヤバい行動経済学》橋本之克／日本文芸社
《世界最前線の研究でわかる！スゴい！行動経済学》橋本之克／総合法令出版
《9割の買い物は不要である 行動経済学でわかる「得する人・損する人」》橋本之克／秀和システム

想一想

如果是你會怎麼做？

本書介紹了行為經濟學的理論，可以解釋人在各種場面的不理性行為。那麼，如果是你的話又會怎麼做呢？

Q 假設你與久違的朋友相約一起去法式餐廳用餐。一看菜單，上面有3種推薦套餐。如果是你的話會選擇哪一種？

① A套餐　1400元
（特製開胃菜、濃湯、嫩煎比目魚、紅酒燉牛肉、乳酪拼盤、甜點拼盤、咖啡或紅茶）

② B套餐　1000元
（特製開胃菜、濃湯、紅酒燉牛肉、甜點拼盤、咖啡或紅茶）

③ C套餐　600元
（濃湯、嫩煎比目魚、甜點拼盤、咖啡或紅茶）

A

解說　我想選擇B套餐的人應該比較多吧？這是行為經濟學中的極端性迴避，當3種品質和價格各異的選項並列時，多數人往往會選擇「中間」。選擇①或③的人，代表他們沒有被極端性迴避的心理所惑，確實選擇自己想吃的餐點。

⇨P.54

Q 假設你正在超市購物。籃子裡裝了食品等大約1000元的商品。排隊結帳時，忽然發覺自己把環保袋忘在車上。如果是你會怎麼做呢？

① 買塑膠袋

② 去車上拿環保袋

A

解說　選擇①的人本來沒有打算買塑膠袋，但或許因為是小錢，心理負擔小，才會加購塑膠袋。小錢累積起來也是一筆大花費。請盡量別忘了帶購物袋吧。選擇②的人是連小錢也不浪費的聰明消費者。

⇨P.22

Q 假設你去飯店吃蛋糕吃到飽。600元可以讓人無限享用。如果是你的話會怎麼吃呢？

① 因為是吃到飽，反正就是能吃多少就吃多少。

② 只選自己喜歡的蛋糕吃，同時考慮到適量，讓自己吃得開心。

A

解說 選擇①的人吃得下所有想吃的蛋糕嗎？吃到飽的方式之所以容易吃過量，行為經濟學認為是受到「沉沒成本效應」影響而產生的行為。這種效應會讓人的心思專注在已經支付的金錢上。如果有享受到那就好，但如果受到沉沒成本效應的影響，有時會忘了享受，那就太可惜了。選擇②的人能適量地品嘗到喜歡的蛋糕，想必很快樂吧。

⇨P.42

Q 假設你在網路購物平台找到一件中意的襯衫，一件1600元。網頁上寫著運費200元，消費滿2000元就免運費。同一頁面還有另一件你很喜歡且顏色不同的襯衫，同樣是1600元。如果是你會怎麼做呢？

① 只買一件自己喜歡的襯衫

② 想省下運費，所以也買了不同顏色的那件襯衫

A

解說 選②的人的行為令人擔心。如果加購的是自己喜歡的商品也就算了，但這樣等於是為了免運費而選購那件商品。勉強選購的衣服常常不會拿出來穿，反而會造成損失，要小心。

⇨P.49

Q 假設賣出中頭獎彩券的彩券行前大排長龍。問排隊的人，據說他中過2000元。你也會排隊嗎？

① 感覺這家彩券行的中獎機率很高，所以一定會排排看

② 大家都在排，所以就排排看

③ 不排

A

解說 我們很容易會覺得自己買的彩券也許會中獎。不過中2000萬元的機率據說是0.00002%。儘管無限低，但並不是零，所以會感覺機率比實際高，因而會期待中獎。「實際發生機率」和人「主觀上認為會發生的機率」並不一致。行為經濟學上用「機率加權函數」來呈現兩者的關係。另外，選②的人因為大家都在排隊所以也跟著排，可能是受到「樂隊花車效應」的影響。

⇨P.58、P.124

Q 假設你在網路拍賣平台找到很漂亮的古董配件。你實在很想要，馬上就點開下標頁面來看。什麼樣的條件你會下標呢？

① 理想是1萬元左右，
但因為真的很想要，所以2萬元左右的話也會下標。

② 1萬元左右最理想，
但超出大約2000元也沒關係。

③ 由於要先確定預算，
1萬元以內的話才會下標。

A

解說 可以體驗到各種情緒變化，相信也是一般人迷上網路拍賣的原因。找到渴望擁有的商品，覺得現在不標下來「可能再也買不到」，於是下標。由於不想讓給別人，可能會用高於預算的價格投標。終於得標之後，「稟賦效應」便會馬上發揮作用，讓人覺得那項商品的價值比實際價格還高，因而很興奮。必須注意的是，即使經歷各種情緒變化，因為受到稟賦效應的影響，就算以超出預算的金額得標，人仍然會覺得划算。

⇨P.86

Q

假設你在看電視購物台時，發現手持吸塵器正在賠本特賣，價格降到平時的一半。你原本就覺得差不多該換台新的吸塵器，又看到藝人使用後的反應，感覺功能似乎很好。而且只要在30分鐘內訂購的話，不但買一送一，還免費附贈半年份的吸塵器專用集塵袋。如果是你會訂購嗎？

① 用1台的價錢可以買2台，所以會馬上訂購

② 功能好像很好，所以會馬上訂購

③ 想要仔細挑選，所以不會訂購

A

解說

選擇①和②的人，平時有有效利用手持吸塵器嗎？電視購物頻道充斥著吸引人訂購的陷阱。限定商品、產地直送、賠本特賣等，羅列一堆引誘觀眾的話術，並有名人大肆讚揚。 不但如此，還強調購買機會只有現在，用「現在起30分鐘內訂購……」催促人做決定。在電視購物頻道買東西，要不被對方的策略迷惑，盡量購買自己真正想要的商品，這點很重要。

⇨P.90

Q

假設你在看電視時，看到立即申請可免費試用的營養補充品，再加送免費試用3個月的訊息。最近很容易感到疲倦的你會申請嗎？

① 因為再加送免費試用3個月，現在就立刻打電話

② 可以免費試用又沒有損失，會試吃看看

③ 對於為什麼可以免費覺得奇怪，不會申請

A

解說

人對免費很敏感。如果免費，心理門檻就會降低，想要試試看，於是便會申請。這樣企業就能取得「潛在顧客名單」——也就是對其商品感興趣的消費者資訊。除此之外，也有試用的營養補充品送達後，沒有拒絕便繼續使用下去的案例。或許還有人明明不需要卻持續付錢。請牢牢記住，免費是一種有效的銷售策略。選擇③的人說不定已經察覺到企業方的策略。

⇨P.70

做個聰明的消費者

制定「我的購物10原則」

為了避免下意識的行動
讓自己在購物時吃虧，
讓我們有所自覺吧！

現在，讓我們來了解一下自己有意識的購物習慣

在制定出10原則之前，
試著寫出自己的消費傾向吧！

- ○
- ○
- ○
- ○
- ○
- ○

例

- ○ 常常為了想要點數而四處購買商品
- ○ 每天買巧克力
- ○ 每當工作上完成一項企劃案，就會買件飾品犒賞自己
- ○ 聽到降價便會忍不住購買
- ○ 排隊等待結帳時，忍不住購買放在收銀機前的東西
- ○ 覺得想要時，便會不假思索地購買
- ○ 在店裡閒逛時，不小心就會衝動購物
- ○ 即使是大筆金額的購物也以刷卡方式購買

10原則範例

為了做個聰明的消費者，如果是你會怎麼做？

- ○ 列購物清單，不買清單以外的物品
- ○ 不在肚子餓的時候去購物
- ○ 猶豫要不要購買時，先考慮一天
- ○ 減少一天上便利超商的次數
- ○ 決定食材的預算後一次買齊
- ○ 不在發薪日剛過時購物
- ○ 不在網路上買衣服
- ○ 規定一個月網購次數的上限
- ○ 不要被網路上的口碑影響
- ○ 沒有目的的話就不去逛購物中心
- ○ 不要因為有贈送點數而購物
- ○ 規定一個月外食次數的上限
- ○ 規定電子錢包的每月消費限額
- ○ 規定電子錢包的儲值次數
- ○ 不被限定商品這種話術迷惑
- ○ 在旅行地點購物時要特別冷靜
- ○ 對於「有的話比較好」的東西，要想成「沒有也沒關係」
- ○ 不要為了省運費而多買

拍照起來
存在手機裡
也許不錯喔！

我的購物 10 原則

檢視自己的習慣，
制定購物的 10 項原則。

1

2

3

4

5

6

7

8

9

10

●作者

橋本之克

市場行銷及品牌顧問。昭和女子大學現代商業研究所研究員。東京工業大學社會工學系畢業後，任職於大型廣告公司，後來進入日本綜合研究所。從事顧問工作，組織成立與經營官民共同的研究事業聯盟。之後進入旭通DK擔任策略規劃師，致力於爭取金融、房地產、物流、製造業等客戶。2019年自立門戶，目前擔任市場行銷、品牌策略顧問、企業培訓講師，將行為經濟學充分運用在工作中。著有多本有關行為經濟學方面的著作。

聯絡方式：hasimotoyukikatu@gmail.com

日文版工作人員

插畫／ユア

內文設計・DTP／加藤美保子

裝幀／俵社（俵拓也　吉田野乃子）

編輯・DTP協力／株式会社エディポック

校對／曽根 歩　聚珍社

編輯／朝日新聞出版　生活・文化編集部（上原千穂）

MICRO MACRO NO MAE NI IMASARA KIKENAI
KOUDOKEIZAIGAKU NO CHO KIHON VISUAL BAN

© 2023 Yukikatsu Hashimoto, Asahi Shimbun Publications Inc.
Originally published in Japan in 2023 by Asahi Shimbun Publications Inc., TOKYO.
Traditional Chinese translation rights arranged with Asahi Shimbun Publications Inc., TOKYO, through TOHAN CORPORATION, TOKYO.

一定要懂的行為經濟學

洞悉衝動購物、跟風投資、網路沉迷的心理，掌握深層消費關鍵

2024年3月1日初版第一刷發行
2024年7月1日初版第三刷發行

作　　者　橋本之克
譯　　者　鍾嘉惠
主　　編　陳正芳
特約美編　鄭佳容
發 行 人　若森稔雄
發 行 所　台灣東販股份有限公司
　　　　　＜地址＞台北市南京東路4段130號2F-1
　　　　　＜電話＞(02)2577-8878
　　　　　＜傳真＞(02)2577-8896
　　　　　＜網址＞http://www.tohan.com.tw
郵撥帳號　1405049-4
法律顧問　蕭雄淋律師
總 經 銷　聯合發行股份有限公司
　　　　　＜電話＞(02)2917-8022

國家圖書館出版品預行編目(CIP)資料

一定要懂的行為經濟學：洞悉衝動購物、跟風投資、網路沉迷的心理，掌握深層消費關鍵/橋本之克著；鍾嘉惠譯. -- 初版. -- 臺北市：臺灣東販股份有限公司, 2024. 03
176面；14.8×21公分
譯自：ミクロ・マクロの前に今さら聞けない行動経済学の超基本：ビジュアル版
ISBN 978-626-379-264-7 (平裝)

1.CST: 經濟學 2.CST: 行為心理學

550.14　　113000543

著作權所有，禁止轉載。
購買本書者，如遇缺頁或裝訂錯誤，
請寄回調換（海外地區除外）。
Printed in Taiwan.